CONSTRUCTION

DES

FORTS DE LA MEUSE

(TÊTES DE PONT DE LIÈGE ET DE NAMUR)

MONOGRAPHIE DES TRAVAUX EXÉCUTÉS

PAR

MM. ADRIEN HALLIER, LETELLIER FRÈRES

ET

JULES BARATOUX

ENTREPRENEURS DE TRAVAUX PUBLICS

PAR

G. RICHOU

INGÉNIEUR DES ARTS ET MANUFACTURES

PARIS

LIBRAIRIE POLYTECHNIQUE, CH. BÉRANGER, ÉDITEUR,

15, RUE DES SAINTS-PÈRES, 15

1902

CONSTRUCTION

DES

FORTS DE LA MEUSE

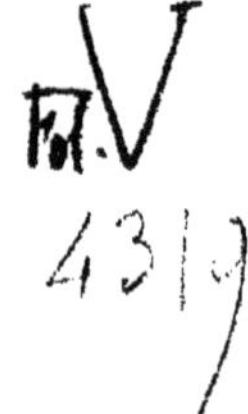

CONSTRUCTION

DES

FORTS DE LA MEUSE

(TÊTES DE PONT DE LIÈGE ET DE NAMUR)

MONOGRAPHIE DES TRAVAUX EXÉCUTÉS

PAR

MM. ADRIEN HALLIER, LETELLIER FRÈRES

ET

JULES BARATOUX

ENTREPRENEURS DE TRAVAUX PUBLICS

PAR

G. RICHOU

INGÉNIEUR DES ARTS ET MANUFACTURES

PARIS

LIBRAIRIE POLYTECHNIQUE, CH. BÉRANGER, ÉDITEUR,

15, RUE DES SAINTS-PÈRES, 15

1902

INTRODUCTION

La Belgique, justement soucieuse de protéger efficacement sa neutralité, en cas de guerre continentale, a fait appel à toutes les ressources du Génie militaire, pour barrer les principales routes d'invasion qui permettent l'accès des parties Est et Sud-Est de son territoire, c'est-à-dire la vallée de la Meuse et celle de la Sambre.

C'est dans ce but que viennent d'être construites, sur les plans de M. le lieutenant général Brialmont, inspecteur général des fortifications et du corps du Génie, deux ceintures d'ouvrages fortifiés enserrant les places de Liège et de Namur; elles constituent de fortes têtes de pont destinées à servir d'appui à des armées opérant en rase campagne et défendant l'accès du territoire national sur les deux fronts susceptibles d'être menacés.

Ces forts ont été disposés d'après les principes auxquels M. le général Brialmont a attaché son nom, et qu'il a développés dans son grand ouvrage *La fortification du temps présent*. Préconisés dès 1863, ils ont reçu une confirmation éclatante dans les sièges qui se sont produits au cours des guerres franco-allemande et russo-turque; et il est à croire que les guerres futures ne leur infligeront aucun démenti, car il est péremptoirement établi que la fortification telle qu'il l'a conçue, défie les efforts de l'artillerie même avec les progrès les plus récents, progrès qui ne semblent guère devoir être dépassés dans l'avenir.

Dans ce système, comme l'on sait, la défense du fort repose avant tout dans un massif central présentant un relief aussi faible que possible au-dessus du sol, et dans les coffres flanquants qui battent de leurs feux les fossés de l'ouvrage. Ces coffres, qui communiquent par une galerie souterraine avec le massif central, remplacent dans la nouvelle fortification les caponnières et les ailerons du système bastionné. Les parapets d'artillerie sont entièrement supprimés : l'artillerie, réduite à un petit nombre de pièces de grande puissance, est abritée par des coupoles à éclipse. Les locaux d'entrée et d'escarpe à la gorge assurent le casernement et l'abri des troupes.

La réserve qui nous est naturellement imposée, ne nous permet pas de traiter d'une manière plus approfondie le côté militaire de la question. Nous nous bornerons donc à reproduire les cartes indiquant d'une manière générale les emplacements des forts : encore cette publication n'est-elle faite que pour permettre au lecteur de se rendre compte des modes d'approvisionnement employés par l'Entreprise pour l'adduction à pied-d'œuvre des divers matériaux.

L'objet de la présente note est donc uniquement de donner la *Monographie* des dispositions adoptées par les Entrepreneurs, MM. Adrien Hallier, Letellier frères et Jules Baratoux, pour la construction des 21 forts qui constituent les deux enceintes. L'ossature en béton de chacun de ces ouvrages a consommé plusieurs centaines de milliers de tonnes de matériaux de diverses provenances qu'il s'agissait d'amener aux points les plus élevés de la région. L'entreprise des Forts de la Meuse est donc déjà d'une importance exceptionnelle au point de vue des approvisionnements car, ainsi qu'on le verra plus loin elle a comporté l'emploi de 1 200 000 mètres cubes de béton, et a exigé la construction de voies ferrées d'une longueur totale de 100 kilomètres pour relier les chantiers entre eux; mais la condition la plus défavorable était la courte durée imposée pour l'achèvement des deux enceintes. Cette durée n'était que de *trente mois*, sur lesquels l'Entreprise ne pouvait guère disposer que de quinze mois de travail effectif pour l'exécution des maçonneries, parce que cette opération devait être précédée de terrassements considérables, et de la mise en œuvre des installations nécessaires aux services des approvisionnements.

Les renseignements qui vont suivre permettront d'apprécier l'organisation des chantiers aussi bien au point de vue de la conception générale qui a présidé à leur établissement, qu'à celui des dispositions de détail qui y ont été employées. Nous appellerons particulièrement l'attention sur le mode de fabrication et sur les installations adoptées pour le coulage du béton.

On remarquera, d'autre part, combien le rôle de ces matériaux artificiels, généralement réservés jusqu'ici aux fondations des murs de quais, aux radiers des formes de radoub et aux remplissages, s'est étendu par l'application nouvelle qui en a été faite à l'ossature des ouvrages fortifiés. Leur emploi exclusif a été imposé par M. le général Brialmont parce qu'il permettait seul de procéder, en des délais aussi courts, à l'exécution des maçonneries, et aussi parce que les monolithes en béton de ciment défient, dans une large mesure, grâce à leur absence de joints et à leur cohésion, les coups des projectiles les plus puissants, en même temps que leur composition les met à l'abri de la gélivité; enfin, que la fluidité du béton laisse maître de lui faire épouser les formes les plus compliquées qu'exigent les locaux préconisés par la fortification moderne.

CONSTRUCTION

DES

FORTS DE LA MEUSE

(TÊTES DE PONT DE LIÈGE ET DE NAMUR)

I

RENSEIGNEMENTS GÉNÉRAUX SUR L'ENTREPRISE

1° PRESCRIPTIONS GÉNÉRALES DU CAHIER DES CHARGES

L'objet de l'entreprise, aux termes du Cahier des charges, consistait dans la construction de 12 forts défendant la vallée de la Meuse autour de Liège, savoir : les forts de Pontisse, Liers, Lantin, Loncin, Hollogne et Flémalle, situés sur la rive gauche du fleuve; et ceux de Barchon, Évégnée, Fléron, Chaudfontaine, Embourg et Boncelles, situés sur la rive droite; — et de 9 forts défendant les vallées de la Sambre et de la Meuse autour de Namur, savoir : les forts de Malonne, Saint-Héribert, Suarlée, Emines, Cognelée et Marchovelette, établis sur la rive gauche de la Meuse; et ceux de Maizeret, Andoy et Dave, établis sur la rive droite.

Les travaux comportaient :

1° Les déblais et remblais nécessaires pour l'établissement des ouvrages d'art;

2° La construction d'ouvrages d'art comprenant des locaux

voûtés pour logements, magasins et batteries; des massifs en maçonnerie pour protéger les coupoles; des gaines de communication, des revêtements en décharge et des murs de soutènement;

3° La fourniture et la pose de ferrures et d'objets divers;

4° La construction de puits, citernes, égouts, aqueducs, etc.;

5° Le détournement de chemins pavés et empierrés existant à l'emplacement des forts.

Une bande de terrain de 12 mètres de largeur reliant les forts entre eux à l'exception des forts d'Embourg et de Boncelles (Liège), et des forts de Saint-Héribert et de Malonne (Namur), devait être mise gratuitement par l'État, à la disposition de l'Entreprise dans un délai de trois mois à compter du jour où elle aurait pris cours. Les Entrepreneurs étaient autorisés à exécuter à leurs frais, sur cette bande de terrain, les travaux nécessaires pour y établir telles voies qui leur conviendraient, pour desservir les différentes sections des travaux.

L'ensemble comportait approximativement, en dehors des fournitures diverses de pierres de taille pour escaliers, couronnements de murs, encadrements de portes, etc., ainsi que de ferrures pour les bâtiments, et de pavages ou empierrements pour les routes à détourner, les quantités suivantes :

DÉSIGNATION DES SECTIONS	TERRASSEMENTS	MAÇONNERIES DE BÉTON DE CIMENT	MAÇONNERIES DE BRIQUES	ENDUITS AU MORTIER DE CIMENT	AIRES AU MORTIER DE CIMENT
	Mètres cubes.	Mètres cubes.	Mètres cubes.	Mètres carrés.	Mètres carrés.
Liège (rive gauche).	775 000^{m3}	295 740^{m3}	4 920^{m3}	164 500^{m2}	21 150^{m2}
Liège (rive droite).	705 000^{m3}	305 400^{m3}	7 800^{m3}	171 200^{m2}	21 180^{m2}
Namur (r. gauche).	820 000^{m3}	328 000^{m3}	6 130^{m3}	195 760^{m2}	20 180^{m2}
Namur (rive droite).	420 000^{m3}	145 000^{m3}	2 758^{m3}	76 000^{m2}	9 330^{m2}
TOTAUX. . .	2 720 000^{m3}	1 074 140^{m3}	21 608^{m3}	607 460^{m2}	71 840^{m2}

L'entreprise devait, aux termes du cahier des charges, prendre cours à partir du 28 juillet 1888, et être terminée en trente mois, soit au 28 janvier 1891. Par suite des retards survenus dans la livraison de la bande de terrain qui devait assurer la communication entre les différents forts, le terme d'achèvement des travaux a été prorogé de six mois, et porté au 28 juillet 1891.

2° PRÉPARATION DE L'ENTREPRISE

ACHAT DU MATÉRIEL ET DES APPROVISIONNEMENTS

L'importance considérable des travaux à exécuter sur chaque chantier, tant pour les terrassements que pour le coulage du béton, la répartition des chantiers sur des circuits, l'un de 60 kilomètres à Liège, l'autre de 40 kilomètres à Namur, feront aisément concevoir la nécessité qui s'imposait, dès l'origine, à l'Entreprise de réunir un matériel considérable.

Il s'agissait en effet de construire et d'exploiter pour le service des approvisionnements, 100 kilomètres environ de chemin de fer à voie de 1 mètre, et d'assurer l'exécution de terrassements s'élevant à plus de quatre millions de mètres cubes, concurremment avec la fabrication et le coulage d'environ 1.200 000 mètres cubes de béton.

Le matériel réuni et mis en œuvre sur les chantiers ne comportait pas moins de 60 locomotives, 75 locomobiles ou machines fixes et 2000 wagons.

Une autre question primordiale sollicitait son attention : c'était celle de la fourniture des ciments qui s'élevait au chiffre énorme de près de 300 000 tonnes, soit 30 000 wagons de 10 tonnes chacun, et devait être livrée dans les délais nécessaires pour arriver à terminer les travaux en trente mois. Cinq usines dont deux françaises, la *Compagnie nouvelle de ciments de Portland du Boulonnais* et la *Société des ciments français de Boulogne-sur-Mer et de*

Desvres, et trois belges, la *Société de Niel-on-Ruppel*, *MM. Dufossez et Henry*, et *MM. Locose et Lévie*, de Cronfestu, ont concouru à cette fourniture. Il a fallu répartir la fabrication suivant ce que chaque producteur pouvait fournir, et en tenant compte de la situation topographique des usines, de manière à économiser les transports.

De plus, le Cahier des charges prescrivant l'obligation de n'employer les ciments que quatre mois après la fabrication[1], la question du magasinage soit chez les producteurs soit sur les chantiers de l'Entreprise a été la source de difficultés, surtout pour cette dernière, à qui les retards dans la livraison des voies de communication, retards dont nous parlerons plus loin, ne permettaient pas de répartir sur les lieux d'emploi les quantités considérables de ciment que les fabricants ne pouvaient continuer à emmagasiner.

Pour les bois, on devait tabler sur un cube approximatif de 800 mètres pour chaque fort, sans compter les réemplois ; ce cube devait être presque exclusivement composé de madriers de $0^m,08$. On les a calculés aux dimensions se rapprochant le plus possible de celles du commerce, afin d'éviter les déchets.

Il fallait, en outre, les bois et planches nécessaires pour les nombreux baraquements à édifier dans chaque fort, pour les estacades et les ponts de la ligne stratégique et des plans inclinés. L'Entreprise eut recours, pour ces approvisionnements, aux fournisseurs du pays, et fit venir du Havre à Anvers, par expéditions complètes, les bois qui lui appartenaient.

Les briques, qui devaient être employées à la construction des 22 000 mètres cubes de maçonneries pour murs et égouts, ont été commandées sur les lieux ou fabriquées à proximité des forts, quand on y a rencontré des couches de bonne qualité.

[1] Cette prescription avait pour objet de laisser à la chaux vive, que pouvaient contenir les ciments, le temps de se carbonater, de manière à prévenir, lors de la mise en œuvre, son expansion et les fissures qui en seraient résultées.

Les carrières de l'Ourthe ont donné la pierre de taille nécessaire.

Quoi qu'il en soit des obstacles que nous avons indiqués ci-dessus et du temps consacré à l'élaboration des plans de campagne qui seront développés ci-après, l'Entreprise, bien qu'ayant pris cours seulement le 28 juillet 1888, commençait dans les mois de septembre et d'octobre de la même année les premiers travaux préparatoires sur les différents forts, ainsi que les draguages sur la Meuse, l'Ourthe et la Sambre, pour l'extraction des sables et galets.

II

GROUPEMENT DES TRAVAUX
ET ORGANISATION DES CHANTIERS

Après s'être ainsi assuré la fourniture de l'énorme quantité de ciment qui lui était nécessaire, et pendant qu'elle réunissait sur les lieux le matériel de toute nature, dont nous avons parlé, l'Entreprise procéda à une étude du groupement des chantiers au point de vue de la facilité des approvisionnements principaux, c'est-à-dire des matériaux servant à faire le béton, sable et galets, ciment et eau.

La division en chantiers de rive gauche et rive droite s'imposait à Liège aussi bien qu'à Namur, la Meuse formant entre ces quatre sections une ligne de démarcation naturelle, en même temps qu'une base d'approvisionnement pour le sable et le galet qu'on tirait de son lit; mais les dispositions du terrain ont en outre conduit à grouper les forts les uns par rapport aux autres, de manière à assurer leur approvisionnement en matériaux dans les conditions les plus rapides et les plus économiques. Nous nous bornerons pour l'instant à indiquer très sommairement les divers groupes, réservant les détails d'installation pour une description ultérieure plus complète.

1° GROUPE DE LIÈGE

a. — *Rive gauche.*

Cette section comprenait 6 forts répartis en 2 groupes [1].

Le premier se composait des forts de Pontisse, Liers, Lantin, Loncin et Hollogne. Les ciments arrivaient à quai par le canal de Liège à Maëstricht parallèle à la Meuse. Ils étaient transbordés et emmagasinés pour être ensuite repris par voie ferrée et conduits au pied d'un plan incliné à quatre voies qui reliait le fleuve au fort de Pontisse : le même plan servait à monter les sables et galets qui étaient dragués dans le fleuve à peu près en face de la base du plan.

Une gare de triage, établie au débouché de celui-ci, sur le plateau de Pontisse, permettait de diriger par la voie générale de communication les matériaux relevés, sur les divers forts faisant partie du groupe.

Le fort de Liers, situé près de la jonction du chemin de fer de Tongres avec la ligne du chemin de fer Liégeois-Limbourgeois, donnait un emplacement très favorable pour l'établissement d'un magasin général et d'ateliers généraux de réparation. Il a été, à cet effet, pourvu d'un raccordement avec ces lignes, de manière à recevoir sans transbordement les matériaux expédiés par les fournisseurs.

Le service des eaux était assuré : à Pontisse par un puisage en Meuse et un refoulement jusqu'au fort par une conduite accolée au

[1] Voir la carte de Liège.

plan incliné ; pour les autres forts du groupe, par des puits creusés sur les chantiers respectifs.

Le dernier fort de la rive gauche est celui de Flémalle : il faisait l'objet d'un service spécial, composé d'un plan incliné à voie unique remontant les ciments et les produits de draguages qui lui étaient amenés de la rive du fleuve par une voie ferrée.

L'eau nécessaire au service du chantier était puisée en Meuse et refoulée par une conduite qui l'amenait au fort en suivant le plan incliné.

b. — *Rive droite.*

Cette section se composait de 6 forts répartis en 3 groupes :

Le premier comprenait les 4 forts de Barchon, Evégnée, Fléron et Chaudfontaine.

Le transport des sables et galets s'effectuait d'abord par une voie ferrée qui les amenait des cavaliers de dépôt au plan incliné de Souverain-Wandre en passant sous la voie du chemin de fer de Liège à Maëstricht. Ce plan était en communication avec la voie stratégique qui desservait directement les forts d'Evégnée, de Fléron et de Chaudfontaine, et qui détachait un embranchement sur celui de Barchon.

Le fort de Fléron, situé à proximité du chemin de fer du Plateau de Herve, et raccordé avec lui par une voie ferrée, jouait, dans le premier groupe de rive droite, le même rôle que celui de Liers a reçu dans le premier de rive gauche. Il possédait des magasins et des ateliers de réparations, et recevait par le chemin de fer du Plateau de Herve les ciments, charbons, rails, etc., qui y parvenaient sans rompre charge.

L'eau était fournie au fort de Barchon par le captage de la Julienne et par un puits ; à Evégnée et à Fléron par des puits ; à

Chaudfontaine, on capta un petit ruisseau avant le point où il tombe dans la Vesdre, dont les eaux auraient été impropres à l'alimentation des machines et au service du béton, et les eaux captées étaient refoulées jusqu'au fort en conduite forcée.

Le fort d'Embourg qui, comme on l'a vu précédemment, n'était pas desservi par la voie stratégique, était approvisionné en sables et galets par un chemin de fer aérien qui partait des bords de l'Ourthe, dont le lit fournissait les draguages nécessaires. Le transport du ciment s'y faisait par charrois à cause des mauvaises conditions de navigabilité de la rivière. Le service des eaux était assuré par une installation de refoulement établie sur la rive de l'Ourthe.

Le fort de Boncelles, isolé des autres et situé entre les vallées de la Meuse et de l'Ourthe, présentait, comme le précédent, un service d'approvisionnement spécial, assuré, pour les sables et galets extraits de la rivière, par un chemin de fer aérien continué par une voie ferrée. Un captage y fournissait l'eau nécessaire aux chantiers.

2° GROUPE DE NAMUR

a. — *Rive gauche.*

Cette section comprenait 6 forts répartis en 3 groupes[1]. Le premier groupe se composait des 2 forts de Malonne et de Saint-Héribert qui, comme nous l'avons dit, n'étaient pas desservis par la voie générale de communication à cause de leur situation spéciale entre Sambre et Meuse. Les 2 forts devaient donc se suffire à eux-mêmes ; les sables et galets tirés de la Sambre à Flawinne étaient montés à Malonne par un chemin de fer aérien ; il en était de même pour le ciment qui était emmagasiné à Flawinne où l'amenait le chemin de fer de Charleroi à Namur. De Malonne à Saint-Héribert, l'Entreprise a établi à ses frais un chemin de fer de 7 kilomètres.

Le fort de Suarlée, raccordé à la ligne de Bruxelles à Namur vers la station de Rhisnes, recevait par cette ligne tous ses approvisionnements, tant en ciment qu'en sables et galets : ceux-ci venaient d'un dépôt établi à Namur près du point où se faisaient les draguages en Meuse, et raccordé à la ligne de Bruxelles à Namur.

Le troisième groupe comprenait les forts d'Emines, Cognelée et Marchovelette. L'approvisionnement des ciments s'effectuait à l'aide d'un raccordement de la voie stratégique avec la ligne de

[1] Voir la carte de Namur.

Namur à Tirlemont près de Cognelée. Ce dernier fort possédait des ateliers et des magasins généraux, et servait de centre d'approvisionnement au groupe. Les sables et galets étaient fournis par le dépôt établi à Namur. Quant à l'alimentation d'eau, elle était assurée : 1° à Malonne par une prise dans la Sambre avec refoulement en conduite forcée ; 2° à Saint-Héribert par un captage et refoulement des eaux souterraines de la vallée qui fait face au fort ; 3° à Suarlée et à Emines par le puits Sainte-Barbe creusé dans le plateau de Frizet, avec refoulement ; 4° à Cognelée par une nappe d'eau souterraine dont on refoulait une partie pour desservir le fort de Marchovelette.

b. — *Rive droite.*

Les 3 forts de la rive droite (Maizeret, Andoy et Dave) ne formaient qu'un seul groupe. L'approvisionnement des sables et galets se faisait à l'aide d'un plan incliné qui venait prendre les matériaux déposés en cavaliers à Samson sur la Meuse, et les amenait au fort de Maizeret. Ils étaient ensuite transportés aux deux autres forts par la voie stratégique. Quant aux ciments, ils arrivaient au dépôt de Naninne situé sur le chemin de fer de Namur à Arlon, auquel est raccordée la voie stratégique.

Le fort de Maizeret, qui servait de tête de ligne, était pourvu d'ateliers de réparations. L'alimentation d'eau se faisait par une prise à la Meuse avec refoulement sur le fort de Maizeret. De là une conduite de refoulement allait alimenter les forts d'Andoy et de Dave.

3° DIRECTION ET ORGANISATION DU PERSONNEL

Le service technique était confié sous la haute direction de MM. Adrien Hallier, directeur des travaux, et Léon Letellier, son adjoint, à un ingénieur principal chef de ce service, et à un ingénieur adjoint résidant à Liège. Le fort de Pontisse formait, en raison de son importance comme tête de ligne des approvisionnements de la rive gauche, une section spéciale ayant à sa tête un chef de service : les 4 forts de Liers, Lantin, Loncin et Hollogne, constituaient la deuxième section, le fort de Flémalle, la troisième ; sur la rive droite, les forts de Barchon, Evégnée, Fléron et Chaudfontaine formaient une première section, et ceux d'Embourg et de Boncelles une seule section.

Les sections comprenant plusieurs forts étaient dirigées par un ingénieur ayant sous ses ordres, sur chaque fort, un conducteur et un opérateur.

A Namur, l'Entreprise avait un chef de service délégué et un service technique dépendant du service principal établi à Liège.

Sur la rive gauche, les forts de Saint-Héribert et de Malonne étaient réunis dans la même section, ceux de Suarlée, Emines, Cognelée et Marchovelette formaient la seconde : les forts de la rive droite ne constituaient qu'une section. L'organisation du personnel dans ces sections était la même que sur les chantiers de Liège.

La traction et les machines formaient un service spécial, et étaient placés sous la direction d'un chef de service.

3

Les services administratifs, ateliers, magasins, approvisionnements, marqueurs, écuries, fourrages, petite caisse des chantiers, etc., étaient contrôlés par un inspecteur chef de service assisté de plusieurs contrôleurs.

Enfin, les soins médicaux étaient donnés sur chaque fort par un médecin habitant une des localités voisines. L'ensemble du service était dirigé par un médecin en chef à chacun des sièges de l'Entreprise.

III

PRINCIPES GÉNÉRAUX
APPLIQUÉS DANS L'ORGANISATION DE DÉTAIL DES CHANTIERS

Les caractères communs que présentaient les travaux à exécuter dans les 21 forts ont conduit MM. A. Hallier, Letellier frères et J. Baratoux à étudier pour les chantiers une organisation générale susceptible de réaliser à la fois la facilité de conduite pour le service central, la rapidité dans l'exécution, et l'emploi de moyens d'action également efficaces et économiques.

On a déjà vu que le groupement rationnel des chantiers avait été étudié de manière à assurer l'approvisionnement en évitant les parcours inutiles et les fausses manœuvres qui en sont la conséquence. Ces premières mesures ont été complétées, dans le même ordre d'idées, pour l'organisation de détail des divers chantiers ; elle a fait l'objet d'une série de dispositions qui leur sont communes, sauf dans quelques cas tout à fait particuliers.

Ces dispositions peuvent se résumer sous les titres suivants :

1° *Extraction et transport des sables et galets ;*

2° *Mode d'exécution des terrassements ;*

3° *Installations pour la fabrication du béton ;*

4° *Dispositions adoptées pour le coulage du béton ;*

5° *Étude des coffrages pour assurer l'utilisation la plus complète et le réemploi le plus économique des bois ;*

6° *Organisation des ateliers et des baraquements.*

1° EXTRACTION ET TRANSPORT DES SABLES ET GALETS

Les sables et galets étaient, aux termes du Cahier des charges, dragués dans la Meuse et dans l'Ourthe pour les chantiers de Liège, et dans la Meuse et la Sambre pour les chantiers de Namur.

On a pu, en effet, rencontrer dans ces rivières des bancs continus et de composition et de qualité exceptionnellement convenables pour fournir les produits nécessaires à la confection du béton. Cette question si importante, puisqu'il s'agissait de trouver une véritable carrière devant produire un cube de près de 1 500 000 mètres, avait fait l'objet d'une étude spéciale de la part des Entrepreneurs, préalablement à la soumission, et ce n'est qu'après s'être convaincus de la présence à pied-d'œuvre, pour ainsi dire, de l'immense quantité de matériaux dont ils avaient besoin, qu'ils se sont déterminés à accepter les conditions exceptionnelles de délai qui leur étaient imposées. S'il avait fallu, en effet, puiser, soit dans le Rhin, soit dans l'Escaut, ou bien et conformément aux stipulations du cahier des charges s'approvisionner de la pierre cassée des carrières de Quenast ou des Ecaussines et le sable des carrières de Mont-Saint-Guibert, puis transporter sur les chantiers le cube de sable et graviers nécessaires, les difficultés auraient été à peu près insurmontables.

L'extraction s'effectuait à l'aide de dragues à godets déchargeant dans des porteurs. Ceux-ci venaient se placer sous la chaîne à godets d'un débarquement fixe établi de manière à desservir chacun des grands plans inclinés formant tête d'approvisionnement.

La chaîne à godets du débarquement remontait le tout venant à 14 mètres de hauteur. Un treuil à vapeur manœuvrait un tambour sur lequel s'enroulait le câble qui commandait le déplacement du chaland : le même treuil servait également au relevage de l'élinde. Les sables et galets étaient déversés dans un couloir où ils étaient soumis à l'action d'un puissant courant d'eau qui en opérait le lavage, et facilitait en même temps la descente des matériaux. Ce couloir se subdivisait ensuite en quatre autres destinés à charger trois séries de wagons correspondant aux diverses dimensions des matériaux criblés. A cet effet, les matières au sortir du couloir principal tombaient sur trois tabliers superposés avec des inclinaisons différentes : le tablier supérieur était perforé de trous de $0^{m},06$ de diamètre, le tablier intermédiaire portait des trous de $0^{m},02$; enfin le tablier inférieur était en tôle pleine. Ce dernier ne recevait que le sable et le petit galet ; le précédent, les galets destinés à former l'ossature du béton ; et le plus élevé, les galets de dimensions supérieures à $0^{m},06$, et qui devaient être concassés avant l'emploi.

Sous chacun de ces tabliers passait une voie ferrée à l'écartement de 1 mètre portant des wagons de 2 mètres cubes, les uns pour le sable et le petit galet, les autres pour le galet de $0^{m},02$ à $0^{m},06$; les troisièmes uniquement affectés à la réception des gros galets. Ces voies se raccordaient à 50 mètres de chaque côté du cribleur, de manière à former des trains. Une voie latérale, également raccordée sur les trois autres, permettait la manœuvre des locomotives qui refoulaient les wagons vides et reprenaient les pleins. Dans l'intervalle de deux trains, les gros galets étaient amenés par traction de chevaux jusqu'au cavalier de dépôt auquel s'alimentait le concasseur.

L'ensemble de l'appareil comprenait quatre systèmes à trois tabliers, et pouvait ainsi charger 4 wagons à la fois sur chaque voie, soit 12 wagons en tout. Un ouvrier placé au point de déversement des godets de l'élévateur réglait, à l'aide d'un registre, le débit du couloir principal suivant l'état de chargement des wagons. Ce système économisait le chargement et le transport au cribleur, du tout venant produit par les dragues. Sa puissance de production était d'environ 130 mètres cubes à l'heure.

A Embourg et à Boncelles, qui constituaient, comme on l'a dit, des chantiers indépendants au point de vue des approvisionnements, le criblage s'opérait à bord des dragues. Les matériaux, séparés par des grilles superposées et d'écartements différents, tombaient dans trois chalands, l'un pour le sable et le petit galet, l'autre pour les galets de diamètre supérieur à $0^{m},02$, le troisième pour les gros galets. Ces forts étant desservis par des chemins de fer aériens, on avait adopté un système très simple de déchargement des bateaux. On déversait leur contenu dans les bennes mêmes de ces chemins de fer, et ces bennes, montées sur les trucs à voie de $0^{m},40$ des wagonnets ordinaires, étaient ensuite reprises par les câbles qui les remontaient jusqu'aux forts. On opérait de même aux forts de Malonne et de Saint-Héribert à Namur.

2° MODE D'EXÉCUTION DES TERRASSEMENTS

Le cube des terrassements par fort a varié entre 100 000 et 175 000 mètres cubes, sans les reprises.

La progression à observer dans l'exécution de cette partie du travail était particulièrement commandée par celle de l'exécution du béton, mais elle dépendait encore des délais possibles, de l'importance des cubes de déblais, de remblais et d'excédents, de la nature des déblais et du matériel disponible, le même genre de matériel ne pouvant être simultanément employé dans chaque fort. Tout d'abord, il convenait d'éviter autant que possible les reprises[1], et par suite, de mettre les déblais à leur emplacement définitif, ce qui revenait à n'attaquer les terrassements qu'à l'emplacement même des maçonneries, et à n'enlever les excédents que le plus tard possible. Ainsi, dans un fossé, on ne fouillait que l'emplacement de la contrescarpe et du coffre flanquant; à la gorge, on n'enlevait que les terres occupant la place des maçonneries. Après l'achèvement du glacis d'approvisionnement, on réglait définitivement le demi-glacis de gorge qui devait, comme on le verra plus loin, recevoir les installations des bétonnières, de manière à lui donner le temps de tasser avant la construction de ces installa-

[1] Cette observation ne s'applique qu'aux terrassements proprement dits, le décapement général et le dépôt des terres végétales s'imposant pour fournir ultérieurement la couverture des maçonneries et des glacis. De même pour la déviation des chemins et la construction des fosses de vidange et des égouts. Les déblais provenant de ces ouvrages étaient conduits et réglés définitivement à l'emplacement du glacis qui devait recevoir les approvisionnements de sables et galets.

tions. Les terrassements du massif central étaient réservés pour la fin.

Le matériel de fouille se réduisait aux moyens ordinaires, pelles, pioches, pics, barres à mines, burins, pinces, etc. Le matériel de transport se composait de petits plans inclinés du système A. Hallier avec wagonnets à voie de $0^{m},40$, actionnés par des treuils à vapeur. Ces treuils sont à deux cylindres horizontaux et montent de 3 à 8 wagonnets cubant $0^{m3},33$. Les rampes variaient entre $0^{m},25$ et $0^{m},50$ par mètre. On a également fait usage de rampes à voie de 1 mètre remontées par des locomotives de 7 à 15 tonnes en service : ces locomotives remorquaient des rames de wagons cubant en général 2 mètres et chargés à la pelle. Dans certains terrains on eût pu employer des excavateurs. Mais le plan des forts ne comportant pas de longs alignements comme les chemins de fer et les canaux, leur emploi aurait été onéreux pour un cube relativement restreint.

Le corps des remblais des glacis et des remparts se faisait avec les décombres, les terres ordinaires et les rocailles. Dans les glacis, ils sont recouverts d'au moins $0^{m},30$ de terre : dans les remparts, ils ne sont pas placés à moins de 2 mètres des talus. On réservait les meilleures terres, telles que les terres végétales et au besoin les terres limoneuses, pour les revêtements des talus contre les maçonneries. Ces revêtements ont $0^{m},30$ d'épaisseur. Ceux des terre-pleins, plongées, chemins et rampes ont une épaisseur d'au moins $0^{m},10$. Toutes les terres de remblai ont été soigneusement pilonnées.

ADRIEN HALLIER, LETELLIER FRÈRES & J. BARATOUX
ENTREPRENEURS DE TRAVAUX PUBLICS

FORTS DE LA MEUSE
(Liège et Namur.)

INSTALLATIONS POUR L'EXÉCUTION DU BÉTONNAGE

DE LA GALERIE DE COMMUNICATION DES COUPOLES DE TÊTE ET DU COFFRE FLANQUANT DANS UN GRAND FORT

1. — Voie d'approvisionnement.
2. — Voie du ciment.
3. — Dépôt du sable.
4. — Dépôt de galet.
5. — Lavage du galet.
6. — Magasin à ciment, Malaxeurs.
7. — Bétonnières.
8. — Coffre flanquant de tête, *les piédroits du rez-de-chaussée sont coulés, en partie décoffrés.*
9. — Coffrage d'une voûte de l'étage.
10. — Voie ayant servi à amener le béton des piédroits.
11. — Bétonnage de l'amorce du mur de contrescarpe de gauche (1re assise).
12. — Mur de contrescarpe de droite (1re assise).
13. — Mur de contrescarpe de droite, *partie terminée.*
14. — Galerie de communication, *partie terminée.*
15. — Galerie de communication, *partie en exécution.*
16. — Voie servant à amener le béton.
17. — Remblai sur la galerie de communication.
18. — Coupole de tête de droite.
19. — Plan incliné servant à élever le béton pour la coupole de droite.
20. — Treuil, Chaudière.
21. — Bétonnage de la coupole de droite.
22. — Voie vers le massif central.
23. — Coupole de tête de gauche.

3° COMPOSITION DU BÉTON

Le Cahier des charges imposait le béton pour toutes les maçonneries, à l'exception de celles des murs intérieurs ayant une épaisseur de moins de $0^m,50$, et qui devaient se faire en briques.

Les matériaux constitutifs du béton devaient remplir les conditions suivantes :

Le sable normal pour essais devait, étant lavé et séché, passer au tamis de 60 mailles par centimètre carré, et ne pas pouvoir passer au tamis de 120 mailles.

Les galets devaient passer, en tous sens, dans un anneau de $0^m,06$ de diamètre, et ne pas pouvoir passer dans un anneau de $0^m,02$. Les galets trop gros devaient être rejetés ou cassés, la proportion de ces derniers ne pouvant être supérieure à 20 p. 100 du volume total employé.

Les ciments de Portland artificiels ayant quatre mois de fabrication étaient seuls admis : les prescriptions qui les concernaient sont résumées ci-dessous :

1° *Finesse de mouture :* ils ne devaient pas donner un résidu supérieur à 15 p. 100 du poids total sur le tamis de 900 mailles par centimètre carré.

Le résultat moyen du tamisage des ciments fournis par les cinq usines a varié de 3,25 à 7,90 p. 100.

2° *Durée de prise :* elle ne devait pas se produire avant une demi-heure, et on refusait les ciments qui avaient fait prise complète en moins de trois heures et en plus de douze heures.

4

Les expériences ont donné des commencements de prise variant de trente-deux minutes à trois heures, et des prises complètes comprises entre trois heures et quart et sept heures et demie.

3° *Résistance à la traction.* — Le ciment gâché pur devait donner des briquettes résistant, après un jour d'exposition à l'air et six jours d'immersion dans l'eau, à une traction de 25 kilogrammes par centimètre carré ; après un jour d'exposition à l'air et vingt-sept jours d'immersion dans l'eau, la résistance devait atteindre 35 kilogrammes par centimètre carré.

On a obtenu les moyennes respectives suivantes : de 33^{kg},700 à 40^{kg},700 pour le premier cas, et de 43^{kg},600 à 51^{kg},100 pour le second, avec des minima toujours supérieurs aux chiffres prescrits.

Des briquettes composées d'une partie de ciment pour trois de sable devaient, placées dans les mêmes conditions que les essais de ciment pur, résister après sept jours, à une traction de 8 kilogrammes, et après vingt-sept jours à 15 kilogrammes. La moyenne des expériences a donné de 14^{kg},900 à 20 kilogrammes pour les premières et de 22^{kg},700 à 26^{kg},300 pour les secondes ; les coefficients minima ont toujours été au-dessus des coefficients prescrits.

Enfin, le Cahier des charges réclamait une densité de 130 kilogrammes à l'hectolitre, le ciment étant mesuré sans tassement. Le poids moyen des ciments fournis par les usines belges et françaises a été de 132^{kg},900.

En un mot, les prescriptions du Cahier des charges, qui sont d'ailleurs analogues à celles qu'on rencontre dans les travaux de ce genre, ont été plus que largement satisfaites, car les ciments fournis ont dépassé de 75 p. 100 les résistances demandées, et les chiffres cités plus haut résument les résultats de plus de 4 000 expériences faites au Laboratoire central de Liège, sous la direction de M. le capitaine-commandant du Génie, Van Hoorenbeek.

Le Cahier des charges réglait comme suit la composition des bétons :

1° Le béton dit n° 1, destiné particulièrement aux remplissages, devait être composé de :

Un volume de ciment;
Trois volumes de sable ;
Sept volumes de galets.

2° Le béton dit n° 2, plus spécialement réservé aux piédroits, devait comporter :

Un volume de ciment;
Un volume et demi de sable ;
Quatre volumes de galets.

Au début des opérations de bétonnage, MM. A. Hallier, Letellier frères et J. Baratoux attirèrent l'attention du Génie militaire sur les dimensions du sable à employer dans la confection du mortier, et sur le dosage de ce dernier en sable dont ils jugeaient la proportion insuffisante.

En ce qui concerne les dimensions du sable, le Cahier des charges ne contenait aucune prescription explicite, et autorisait ainsi l'emploi des sables du pays, sable de Campine, de Mont-Saint-Guibert, etc., tous d'une finesse extrême. Les Entrepreneurs représentèrent qu'il serait de beaucoup préférable de leur substituer le mélange de sable et gravier que fournissaient les draguages de la Meuse, en limitant à deux centimètres la dimension maximum du gravier. L'objet de cette substitution et de l'accroissement de la proportion des sables et graviers dans la confection du mortier était de constituer le mortier lui-même de manière qu'il eût une résistance presque égale à celle des galets siliceux dont il devait fournir la gangue. Dans ces conditions, le béton devait supporter l'effort d'écrasement comme une matière absolument homogène, et dont toutes les parties, gangue et ossature, fussent susceptibles d'une résistance pour ainsi dire identique.

Cela tient à ce que le sable-gravier de la Meuse présente sur le sable fin de carrière ou de rivière l'avantage d'être composé d'éléments qui varient graduellement, depuis les plus petites dimensions jusqu'à 0^m, 02. Ce mélange donne un vide réduit au minimum par rapport à celui des sables à grains égaux, et permet ainsi d'obtenir des mortiers plus compacts, moins poreux, avec des dosages modérés en ciment. On a réalisé ainsi, comme on peut le voir, par la composition des bétons définitivement adoptés sur l'avis des Entrepreneurs, une économie d'environ 20 p. 100 sur l'emploi des ciments. D'ailleurs, des essais comparatifs de briquettes confectionnées avec du sable-gravier de la Meuse et du sable de l'Escaut, ont fait ressortir, au bout de trois jours, une résistance à l'écrasement six fois plus élevée en faveur des premières. Au bout de six semaines, la résistance de celles-ci était encore le triple de celle des autres (330 kilogrammes contre 110 par centimètre carré [1]).

Ces expériences concluantes ont conduit le Génie militaire à accepter les modifications proposées, et les deux types de béton reçurent les compositions suivantes :

BÉTON N° 1

Un volume de ciment ;
Quatre volumes 6/10 de sable-gravier ;
Six volumes 3/10 de galet.

BÉTON N° 2

Un volume de ciment;
Deux volumes 64/100 de sable-gravier;
Trois volumes 6/10 de gravier.

[1] Ces résistances très élevées démontrent en même temps que les galets roulés se prêtent tout aussi bien que la pierre cassée à fixer le mortier sur leur surface. M. Hallier fait d'ailleurs remarquer que la pierre ou le galet cassés présentent, lors du damage, l'inconvénient de glisser moins facilement dans la masse que les galets roulés.

Ces bétons ont d'ailleurs donné de tels résultats que, dans la pratique, on a substitué en grande partie le béton n° 1 au béton n° 2. Les modifications proposées par les Entrepreneurs ont donc permis d'obtenir non seulement un accroissement de résistance à l'écrasement, mais encore une économie notable pour l'Etat, grâce à la diminution d'emploi du béton n° 2 plus riche en ciment que le béton n° 1.

4° INSTALLATIONS POUR LA FABRICATION DU BÉTON

Le mode de confection prescrit par le Cahier des charges comportait le mélange à sec des quantités de sable, de galets et de ciment correspondant à un quart de mètre cube environ, et dans les proportions fixées par les dosages indiqués, puis l'addition au mélange de l'eau nécessaire ; enfin, le travail à la griffe ou au rabot.

La fabrication mécanique était également autorisée, au choix de l'Entreprise, sous les conditions suivantes :

1° La vitesse d'écoulement du béton sortant des appareils, et l'arrosage des matières premières devaient être réglés dans chaque fort par l'officier surveillant ;

2° Les matières composant le béton devaient être mélangées à sec avant d'être introduites dans l'appareil.

L'importance du cube de béton à fabriquer et la brièveté des délais imposaient naturellement la fabrication mécanique. Mais il y avait lieu de discuter si l'on prendrait le système de bétonnière dite anglaise qui est implicitement indiquée par les prescriptions ci-dessus, ou si l'on adopterait le mode de fabrication employé déjà par MM. A. Hallier et E. Letellier au Havre, et comportant deux périodes distinctes, l'une pour la fabrication du mortier, l'autre pour son mélange à la pierre cassée ou aux galets.

On sait que la bétonnière anglaise consiste essentiellement en un cylindre incliné animé d'un mouvement de rotation. Le mortier n'est pas préparé préalablement : les trois éléments du béton, c'est-à-dire le sable, le ciment et le galet sont introduits simultanément par une trémie placée à l'extrémité supérieure du cylindre : le mélange s'effectue donc directement entre eux sous l'influence du mouvement de rotation, et le béton confectionné est recueilli à l'extrémité inférieure du cylindre.

Avec le second type, la fabrication se divise en deux périodes consécutives : on commence par mélanger à sec le sable et le ciment, et on introduit ces matériaux dans un malaxeur à axe vertical mû par la vapeur, et pourvu de palettes, de râteaux et d'hélices. Pendant la trituration, un filet d'eau arrose le mélange, qui, sous l'action des palettes et des hélices, se convertit en mortier. Ce dernier est recueilli à la sortie du malaxeur par des wagons doseurs. On procède alors à la seconde opération qui consiste à mélanger le mortier et le galet, dosés l'un et l'autre en proportions convenables. Un premier mélange se fait au-dessus du couvercle même de la bétonnière ; il se complète par la chute des matières dans celle-ci, qui est constituée par un cylindre vertical armé intérieurement de chicanes disposées en hélice. La hauteur de chute nécessaire pour obtenir une bonne répartition du mortier autour du galet est de $2^{m},40$.

Ce second procédé que MM. A. Hallier et E. Letellier avaient déjà expérimenté au Havre dans la construction des radiers des formes de radoub n°s 5 et 6, ainsi que dans plusieurs autres entreprises, fournit un béton plus complètement homogène que le premier.

Le mortier arrivant en effet à la sortie du malaxeur à un état d'homogénéité parfaite, se comporte pour ainsi dire, comme un corps simple, et se répartit également entre les galets dont il doit assurer la liaison. Il en est autrement quand on opère simultanément le mélange des trois éléments dans un cylindre rotatif : le mortier ne peut y être trituré avec la même précision que dans un malaxeur. Il en résulte que la matière agglutinante qui doit former la gangue des galets n'a pas la même homogénéité dans la masse, et que la répartition de ses éléments autour des galets est beaucoup moins uniforme.

Par contre, la diminution des mains-d'œuvre de fabrication avec la bétonnière anglaise assure une économie importante que les Entrepreneurs évaluent à 0 fr. 75 par mètre cube de béton. Mais en présence de la supériorité incontestable des matériaux fabriqués par le second procédé, MM. A. Hallier, Letellier frères et J. Baratoux n'ont pas hésité à proposer ce dernier au Génie militaire, malgré l'élévation du prix de revient, afin d'obtenir toute la sécurité désirable pour la bonne exécution des travaux qui leur étaient confiés.

Le Génie militaire, après avoir examiné mûrement les propositions qui lui étaient faites par les Entrepreneurs, les autorisa à faire uniquement usage de la bétonnière française combinée avec l'emploi préalable d'un type de malaxeur vertical perfectionné par eux, et c'est dans ces conditions qu'ont été fabriqués tous les bétons qui forment l'ossature des forts. Les résultats obtenus ont démontré combien le système était rationnel, car le retrait a été beaucoup moindre que dans les ouvrages exécutés par d'autres procédés, et les blocs qui constituent chaque partie forment de véritables monolithes.

Nous allons maintenant indiquer les principes généraux adoptés pour toutes les installations du matériel de fabrication. Ils sont exposés de la manière suivante dans l'ordre de service donné par M. Adrien Hallier à ses agents, en date du 12 juillet 1888 :

Ordre de service du 12 juillet 1888.

M. Pavy, ingénieur principal de la construction des forts de la rive gauche de Liège,

ADRIEN HALLIER, LETELLIER FRÈRES & J. BARATOUX
ENTREPRENEURS DE TRAVAUX PUBLICS

INSTALLATIONS POUR L'EXÉCUTION DU BÉTONNAGE

DES LOCAUX D'ESCARPE ET D'UNE CONTRESCARPE D'UN GRAND FORT DANS SES DIFFÉRENTES PHASES

FORTS DE LA MEUSE
(Liège et Namur.)

1. — Voie d'approvisionnement.
2. — Voie des dépôts.
3. — Voie du ciment.
4. — Dépôt de sable.
5. — Dépôt de galet.
6. — Installation pour la fabrication du mortier.
7. — Bétonnières.
8. — Lavage du galet.
9. — Fouilles des fondations exécutées.
10. — Installation pour l'exécution des fondations.
11. — Piédroits coffrés.
12. — Installation pour le bétonnage des piédroits.
13. — Piédroits et murs exécutés.
14. — Voûtes coffrées.
15. — Installation pour le bétonnage des voûtes (1re assise).
16. — Voûtes recouvertes (1re assise).
17. — Installation pour l'exécution de la 2e assise.
18. — Exécution des fondations d'un mur de contrescarpe.
19. — Exécution de la 1re assise de ce mur.
20. — Exécution de la 2e assise.
21. — Remise à locomotives.
22. — Chemin de desserte.

M. Plumet, ingénieur principal de la construction des forts de la rive droite,

M. Raimbault, ingénieur principal de la construction des forts d'Embourg et de Boncelles,

M. Vasset, ingénieur principal de la construction des forts de Namur.

Sont invités à faire étudier de suite sur chaque fort les emplacements qui sont nécessaires pour l'installation des chantiers et les dépôts des matériaux en approvisionnement.

On devra chercher à se tenir sur chaque fort, tout d'abord à la gorge pour les installations de fabrication du béton, et ensuite sur l'un des côtés du fort, celui qui pourra le mieux s'orienter par rapport à la voie d'accès des approvisionnements.

Il faudra aussi voir dans les forts, où il y a des excédents de terrain, si on ne pourrait pas se servir de ces excédents.

On devra, en règle générale, chercher absolument à utiliser les glacis. — Pour cela il est nécessaire de s'entendre avec les officiers chefs de chantiers pour les dépôts de terre que le Génie compte faire sur les glacis en dehors des remblais qui seront quelquefois nécessaires pour le règlement de ces glacis ; règlement qu'on pourrait au besoin faire de suite *s'il était nécessaire* avant l'établissement de nos installations.

On devra également, tout en se tenant sur les glacis, se placer à une cote assez élevée pour permettre l'arrivée des dépôts aux installations pour les bétons, sans rampe ascendante autant que possible.

Le plan des installations sur chaque fort se compose :

1° D'une installation pour la fabrication des mortiers et bétons. — Cette installation devra autant que possible se trouver à la gorge de l'ouvrage, et être établie à la même cote de niveau que la crête de la contrescarpe au moins, et plus haut si possible.

2° D'un magasin pour les ciments pouvant contenir la consommation pour huit jours, établi à proximité de la fabrication des mortiers et bétons, et en bordure de la voie générale d'approvisionnements.

3° D'un petit magasin pour les huiles et graisses.

4° D'un hangar pour charronnage et pour une petite forge.

5° Des emplacements pour les dépôts de sable et galets. (Importance de ces dépôts 15.000 m³.)

6° Les projets pour chacun des forts devront être remis à la Direction à Liège le 1er août au plus tard, et copies de ces instructions devront être adressées ce jour à MM. Pavy, Plumet, Raimbault et Vasset.

Signé : Adrien Hallier.

Liège, le 12 juillet 1888.

Ce programme arrêté, comme on le voit, dès l'origine des travaux, a été suivi de point en point dans ses lignes générales, et a donné d'excellents résultats. Les moyens employés pour sa mise à exécution consistaient, ainsi qu'on peut le voir dans la planche n° 1 qui représente les installations pour la fabrication du béton :

a. — A établir les appareils de fabrication d'une manière définitive pour chaque fort et par suite sur l'emplacement le plus voisin du lieu d'emploi maximum, c'est-à-dire près des locaux d'escarpe, sur le glacis du front de gorge. A cet effet, ce glacis a été immédiatement remblayé à son niveau définitif partout où le relief du terrain s'y prêtait, jusqu'à ce qu'on eût atteint un point où la cote au-dessus du sol naturel permît d'installer les bétonnières en laissant la hauteur nécessaire au-dessous d'elles pour la circulation de la voie d'enlèvement du béton.

Cette voie était placée autant que possible sur le sol naturel, et se trouvait généralement à une cote supérieure à celle du couronnement des maçonneries à construire, de manière que le roulage des wagons pleins fût très facile, et se fît presque tout le temps en partant d'un niveau supérieur à celui du travail. Il n'y avait d'exception que pour la partie du massif central afférente aux coupoles, qui présentait naturellement une hauteur supérieure à celle du couronnement des maçonneries des locaux ; pour cette partie, on était obligé d'ascensionner les wagonnets au moyen d'un treuil à vapeur.

b. — A amener les matériaux non emmagasinés à l'avance, c'est-à-dire les sables et les galets, par des voies sensiblement horizontales ou tout au moins à rampes très douces jusqu'aux lieux respectifs d'emploi (le bâtiment des malaxeurs pour le sable, et la plate-forme des bétonnières pour les galets). Dans ces conditions, les trains de sable aussi bien que ceux de galets pouvaient être amenés par des manœuvres ou par un seul cheval.

Cette partie du programme se réalisait de la manière suivante :

En même temps qu'on remblayait la partie du glacis du front

de gorge destinée à servir d'emplacement à l'installation des malaxeurs, on remblayait également à sa cote définitive l'un des glacis latéraux du fort, choisi du côté se prêtant le plus facilement au raccordement avec la voie stratégique, qui formait presque partout la voie d'approvisionnement du sable et des galets. Les trains respectifs de ces matériaux venaient décharger sur le glacis par une voie de rebroussement qui s'élevait peu à peu. Le cavalier de galets était ensuite exploité directement par une voie posée sur la crête et arrivant horizontalement à la plate-forme des bétonnières, en raison de la hauteur à laquelle celles-ci étaient placées au-dessus du sol.

Pour que la voie d'amenée du sable établie au bas du glacis fût également horizontale, on disposait le plancher sur lequel elle débouchait dans le bâtiment des malaxeurs à un niveau inférieur de o m, 80 à 1 mètre à celui de la plate-forme des bétonnières, hauteur qui se regagnait en partie au jet de pelle dans le remplissage des malaxeurs. On a pu même, dans quelques forts où l'on disposait d'un emplacement suffisant, former le cavalier de dépôt du sable près du hangar des malaxeurs, de manière à n'avoir plus, pour ainsi dire, qu'un jet de pelle à employer pour l'exploiter.

Les installations à chaque fort (planche I) comportaient un grand réservoir d'eau en maçonnerie, construit sur le glacis auprès du hangar à malaxeurs. Ce réservoir fournissait l'eau nécessaire aux chaudières, à la fabrication du mortier, au lavage des galets, etc. ; les hangars comprenaient le magasin à ciment et le baraquement des malaxeurs, qui étaient, comme nous l'avons dit, au nombre de trois, desservant un nombre égal de bétonnières placées sur une estacade. Le plancher de celle-ci était établi à un niveau un peu plus élevé que celui des malaxeurs pour éviter un déblai dans la pose de la voie de décharge et d'enlèvement du béton : cette voie se plaçait ainsi sur le sol naturel, et la différence de niveau entre l'estacade et le plancher des malaxeurs se regagnait aisément dans la charge du mortier, comme cela avait lieu pour celle du sable dans les malaxeurs.

Les sables et galets étant triés, les mains-d'œuvre qui étaient toujours exécutées par les mêmes ouvriers, se réglaient comme suit : le sable chargé sur des wagonnets jaugés de $0^{m^3},333$, était amené dans le hangar aux malaxeurs, et versé sur le plancher en face de l'appareil. Le ciment, dosé en proportions voulues, était tiré du magasin contigu, et mélangé au sable; puis on jetait le mélange dans les malaxeurs où une conduite à débit réglable distribuait l'eau nécessaire. Le mortier sortant des malaxeurs était rechargé dans des wagonnets jaugés et pouvant, suivant les besoins, rouler sur une voie posée entre les malaxeurs et les bétonnières.

Les galets jaugés en wagonnets à claire-voie passaient, avant d'arriver aux bétonnières, au-dessus d'un puisard qui recevait les eaux du dernier lavage exécuté avant l'emploi. L'eau provenant d'un réservoir était lancée avec force sur les galets et assurait leur nettoyage.

La voie d'amenée des galets parallèle à celle du sable arrivait sur l'appontement des bétonnières qui se trouvaient ainsi placées entre un wagonnet de mortier et un wagonnet de galets. Pour le retour de ces derniers à vide, la voie formait cul-de-sac sur la plate-forme, et le dégagement s'effectuait par une voie d'évitement: cette disposition était adoptée de préférence à celle d'une voie sans fin qui aurait exigé une augmentation dans la surface de la plate-forme.

Il n'y a pas lieu de revenir ici sur la fabrication proprement dite du béton qui a été décrite précédemment (voir page 30).

5° DISPOSITIONS ADOPTÉES POUR LE COULAGE DU BÉTON

Si le développement des moyens de production de l'immense masse de béton qui forme l'ossature des forts constituait un problème d'une importance considérable et dont le lecteur a pu apprécier l'heureuse solution, le programme à adopter pour le coulage présentait un intérêt encore plus grand, et l'on peut dire que c'était le problème capital à résoudre. Il s'agissait, en effet, pour l'Entreprise, tout en conservant au service des terrassements ses moyens d'action, soit pour continuer les déblais, soit pour recouvrir directement et sans reprises les maçonneries après leur construction, d'assurer l'exécution du bétonnage dans des conditions méthodiques qui permissent : 1° d'éviter les transports inutiles des matériaux fabriqués, les reprises entre le point de charge des wagonnets, et leur décharge pour le coulage, c'est-à-dire d'obtenir le maximum de rapidité et d'économie compatibles avec la disposition des chantiers ; 2° d'observer une progression dans l'exécution par niveaux successifs de manière à utiliser sans retard tout le béton produit par les installations de fabrication ; 3° d'établir, grâce à la mise en œuvre de ces principes, une série de couches homogènes formant par leur réunion une masse monolithe aussi parfaite que possible.

Les maçonneries qui devaient être faites en béton comprenaient : les locaux de contrescarpe, ceux d'escarpe subdivisés en locaux d'escarpe d'aile droite, du centre et d'aile gauche et reliés au massif central, le massif central avec les coupoles, enfin les coffres de flanquement réunis au massif central par une galerie de communication passant sous le fossé ; des murs de contrescarpe règnent en outre sur tout le périmètre des forts.

Le programme étudié à cet effet par MM. A. Hallier, Letellier frères et J. Baratoux a complètement rempli les divers objets que nous venons de signaler ; l'indépendance du service des terrassements était notamment assurée par l'établissement des installations de fabrication sur des remblais poussés à leur niveau définitif, ainsi qu'on l'a vu plus haut.

La progression du coulage comportait les périodes suivantes :

1° *Remplissage des fondations ;*

2° *Exécution des piédroits ;*

3° *Exécution des voûtes sur* $0^{m},80$ *environ d'épaisseur à la clef, et remplissage du tympan ;*

4° *Achèvement de l'ouvrage.*

Les planches en perspective n°s 2 et 3 permettent de se rendre compte de cette progression pour les diverses parties d'un grand fort ; la planche n° 4 représente l'exécution du bétonnage du massif central d'un petit fort dans ses différentes phases.

Le coulage du béton en aussi grandes masses soulevait une question primordiale : de quel matériel allait-on faire usage pour le transport ?

Dans les travaux des Formes de radoub et du bassin Bellot au Havre, MM. Adrien Hallier et Eugène Letellier, avaient employé avec succès des trains de wagons cubant 2 mètres et remorqués par de petites locomotives à voie de 1 mètre. Mais après un examen approfondi, l'Entreprise rejeta ce système pour les motifs suivants :

1° Les pentes parfois assez raides ne permettaient pas l'emploi d'un matériel lourd ;

2° L'espace restreint dont on disposait n'aurait pas permis de donner aux rampes le développement nécessaire pour qu'elles pussent se prêter à la traction mécanique, et aurait imposé aux courbes de trop faibles rayons ;

3° La mise en œuvre d'un matériel lourd aurait exigé la construction de ponts de service très coûteux.

4° Enfin le petit matériel facilite l'accès dans toutes les parties du fort, ce qui supprime la nécessité des reprises du béton.

On a donc employé, pour le coulage du béton, comme pour le transport des sables et galets, des wagonnets à voie de $0^{m},40$ et cubant environ $0^{m^3},33$.

Une difficulté paraissait toutefois s'opposer à leur emploi pour ce service. Chaque bétonnière cubant 1 mètre, il était nécessaire d'arrêter le chargement après le remplissage de chaque wagonnet. On pouvait craindre que ce résultat ne fût pas aisé à atteindre à cause de la grosseur des cailloux qui formaient le béton, et qu'ils vinssent se placer entre les bords de la bétonnière et le fond mobile inférieur en laissant ainsi échapper plus ou moins de mortier.

Le problème a été résolu en faisant manœuvrer le couvercle inférieur par un levier guidé horizontalement. Il ne se produisait grâce à ce guidage, aucun coincement, et même le mélange s'opérait plus intimement au moment de l'étranglement qui précédait la fermeture.

Les wagons de la voie de décharge des bétonnières circulaient, comme l'indiquent les planches n°s 2, 3 et 4, au niveau du sol naturel ; le départ après chargement s'effectuait par une voie sans fin.

Le Cahier des charges prescrivait d'exécuter le coulage en divisant les ouvrages d'art en parties de grandeur telle que la maçonnerie pût être montée jusqu'à la hauteur des naissances des voûtes en une seule journée de travail. Chaque couche de béton devait être mise en place sur une épaisseur de $0^{m},20$, avant que la couche précédente eût fait prise, et les bétonnages de chaque tâche journalière devaient être terminés par des gradins horizontaux de raccordement.

Dans l'application, le Génie militaire estimait que le coulage dans les parties délimitées pour le travail journalier, devait être effectué par tranches horizontales successives de l'épaisseur indiquée, soit $0^m,20$. Cette méthode aurait été très défavorable au point de vue de la constitution du monolithe désiré. Elle aurait, en effet, conduit à ébranler le béton pendant qu'il faisait prise, par le pilonnage successif des couches déposées les unes sur les autres, et par le transport des matériaux à la surface des couches qui n'auraient pas encore pris leur consistance. En outre, les reprises auraient été trop nombreuses en raison de la faible épaisseur prescrite pour chacune des couches.

Aussi, au lieu de couler par tranches horizontales, les Entrepreneurs ont-ils proposé et obtenu de procéder par déversement des wagonnets suivant le talus naturel du béton. Les ouvriers dameurs placés sur le talus et au pied, formaient ensuite des gradins qu'ils étendaient sur toute la hauteur du talus et dans le sens de la longueur, au fur et à mesure du déversement des wagonnets.

On damait les parties coulées jusqu'à ce qu'un peu d'eau affleurât la surface; les angles et les coins se garnissaient à l'aide de petits pilons ayant $0^m,08$ de diamètre au gros bout.

A la reprise du travail, on grattait et on lavait à grande eau les gradins horizontaux laissés en attente.

Le Cahier des charges prescrivait de laisser en place pendant quinze et même vingt-quatre jours (en hiver) les cintres et les coffrages après l'achèvement des maçonneries qui portaient ou soutenaient. Grâce à l'excellente qualité du béton, ces délais ont pu être notablement réduits, et il a suffi généralement de quatre jours pour le décoffrement des piédroits, et de huit jours pour celui des voûtes. Après l'enlèvement, tous les parements secs ont été passés à la brosse dure, les bavures enlevées, et les trous bouchés au mortier de ciment.

On peut se rendre compte, par cette description et par l'examen des figures, que les conditions méthodiques apportées à l'exécution des bétonnages ont évité aux matériaux fabriqués tout transport et toute reprise inutile entre le point de fabrication et le lieu d'emploi qu'elles ont permis, grâce au travail par niveaux successifs, une progression telle qu'on a pu utiliser sans retard tout le béton produit par les installations; enfin, que le coulage a été effectué par couches homogènes dont la réunion est susceptible de constituer un monolithe parfait.

Nous allons maintenant décrire les diverses opérations du coulage.

Le *remplissage des fondations* a été exécuté dans les fouilles préalablement à la pose de tous coffrages. A cet effet, la voie d'enlèvement du béton établie, comme on l'a vu, sur le sol naturel, était prolongée jusque dans la fouille par un plan incliné taillé dans le talus, ou bien encore les wagonnets étaient déchargés par un ou plusieurs couloirs établis sur le talus même et desservis par une voie spéciale posée au fond de la fouille. La planche II (n° 10) présente la seconde de ces dispositions, dans la partie gauche du dessin.

L'*exécution des piédroits* s'effectuait aussitôt la première opération terminée. On disposait leurs coffrages sur tout le périmètre à remplir, et le béton y était amené par la voie d'enlèvement prolongée sur des ponts légers (Planche II, nos 11 et 12).

L'*exécution des voûtes* a donné lieu à une modification importante des procédés prévus par le Génie militaire. Pour se conformer aux prescriptions du Cahier des charges qui indiquaient que la construction des voûtes devait se faire sans interruption sur toute leur épaisseur (2 à 4 mètres), il aurait été nécessaire d'encoffrer complètement les ouvrages jusqu'à leur couronnement. Ce procédé présentait de graves inconvénients, d'abord au point de vue de l'insécurité et de la lenteur qui en seraient résultées pour le travail proprement dit, de l'importance des charpentes qu'il aurait nécessitées, et surtout à celui de la bonne confection des maçonneries. On aurait en effet dû employer dans ce cas des charpentes et des cintres de dimensions très fortes pour supporter et soutenir en élévation des masses de béton de 4 à 5 mètres d'épaisseur : c'eût été une véritable forêt de bois au milieu de laquelle le travail aussi bien que la circulation eussent rencontré des obstacles réitérés. De plus, les bétons déversés sur les cintres depuis la rampe d'amenée auraient ébranlé les échafaudages, et l'on aurait toujours eu à redouter un renversement subit des coffrages sous la charge d'une masse aussi importante de maçonnerie. Enfin la lenteur dans le coulage aurait nui à l'homogénéité du massif.

L'Entreprise proposa au Génie militaire et fit accepter par lui un procédé beaucoup plus rapide et donnant toute sécurité pour la prise en masse du béton.

Ce procédé consistait à encoffrer seulement sur une hauteur suffisante pour donner aux voûtes une épaisseur de $0^{m},80$ à 1 mètre à la clef suivant le cas.

Il permettait de disposer les chantiers de manière à exécuter plusieurs voûtes par jour, et de faire les reprises exclusivement sur les piédroits. Puis, quand le béton avait fait sa prise entière, on n'avait qu'à faire le remplissage jusqu'au niveau du couronnement (voir Planche II, nos 14 et 16). Mais, comme à cette période, il existait des points d'appui convenables pour soutenir les coffrages, toute préoccupation relative à la sécurité des charpentes était écartée, et l'on pouvait ainsi déployer toute l'activité nécessaire pour couler rapidement la masse totale.

La supériorité des massifs exécutés par ce procédé sur ceux qui auraient été coulés d'après le système précédent, est hors de conteste, et la méthode préconisée par l'Entreprise a eu ainsi l'avantage de joindre la rapidité de l'exécution à la qualité des maçonneries construites.

La Planche II (nos 18, 19) et 20 donne également les détails d'exécution du bétonnage en trois parties (fouille, 1re et 2e assises) d'un mur de contrescarpe.

Dans la période correspondant à la Planche III, le fort est représenté avec le coffre flanquant de tête sur la gauche. Cet ouvrage est en cours de travail ; les piédroits du rez-de-chaussée sont coulés et en partie décoffrés (n° 8) ; on a installé le coffrage d'une des voûtes de l'étage n° 9). En même temps, on exécute le mur de contrescarpe de gauche (n° 11) et la galerie de communication (n°s 14, 15 et 16), avec le massif des coupoles (n°s 18 et 23). Cette dernière partie est terminée; la première est en cours d'achèvement. Mais pour cette partie des travaux, le niveau à atteindre est forcément supérieur à celui du sol naturel, et l'emplacement de la voie de décharge des bétonnières ne pouvant pas le dominer comme le reste des ouvrages, on est obligé de monter les wagonnets chargés de béton, par un plan incliné avec treuil à vapeur (n° 20).

La Planche IV représente les diverses phases de l'exécution du bétonnage du massif central dans un fort de moindre importance.

Ici, les locaux d'escarpe (n° 13) sont terminés, ainsi que la coupole de gorge de gauche (n° 14). On procède au coulage du béton des voûtes (1re et 2e assises, n°s 11 et 12), etc.

Le programme qui vient d'être exposé a trouvé une application très facile dans tous ceux des forts où l'on rencontrait des terrains tenant bien en talus, tels que les schistes ou les terrains argileux se découpant au louchet, parce qu'on pouvait, dès l'origine, faire la fouille générale à ses dimensions définitives sans craindre les éboulements. C'est ce qui s'est produit notamment aux forts de Liers (terrain argileux) et de Maizeret (schistes) ; sur les chantiers où le terrain était constitué par un mélange plus ou moins homogène, et présentant, comme à Pontisse, par exemple, le caractère d'une ballastière, on poussait en même temps le coulage du béton sur certains points de la fouille centrale et l'approfondissement sur les autres.

6° ÉTUDE DES COFFRAGES

POUR ASSURER L'UTILISATION LA PLUS COMPLÈTE ET LE RÉEMPLOI LE PLUS ÉCONOMIQUE DES BOIS

On sait que la fluidité du béton au moment de sa mise en œuvre nécessite l'emploi de moules à l'intérieur desquels puisse s'opérer la dessiccation de la masse pour qu'elle prenne toute sa consistance. Les travaux de bétonnage des forts de la Meuse présentent des conditions toutes particulières à cause des énormes massifs qu'ils emploient, l'Entreprise a dû procéder à une étude complète des divers éléments de la question.

Tout d'abord elle a reconnu qu'il serait trop coûteux et même nuisible à la bonne qualité des maçonneries d'ouvrir et de coffrer entièrement les fouilles d'un fort. Le coût d'exécution des terrassements aurait, en effet, été augmenté d'une manière considérable par les reprises qu'aurait imposées une fouille générale faite d'un seul coup, et l'on n'aurait pu arriver à couler le béton en masses bien homogènes qu'avec une quantité énorme de matériel. On a donc résolu de n'exécuter les coffrages que par parties dans un même fort.

De plus les délais d'exécution et la similitude des divers ouvrages permettaient le fractionnement du travail, et le réemploi du même coffrage, non seulement dans le même fort, mais même dans plusieurs forts différents.

En conséquence, chaque fort a fait l'objet d'une étude spéciale au point de vue de la progression à suivre pour les coffrages, et du calcul de réemploi des matériaux qui les constituaient.

Restait à déterminer la matière avec laquelle devaient être constitués les coffrages.

La fluidité du béton et le réemploi de ces derniers exigeaient des matériaux résistants, mais ne comportant que des assemblages aussi simples que possible. La première idée qui se présenta fut de choisir le bois pour cet objet; néanmoins, on examina également l'emploi de panneaux en tôle.

Le projet comportait, pour les piédroits, des panneaux composés de rectangles de quelques millimètres d'épaisseur, et dont les arêtes auraient été retournées d'équerre. Ces rebords, percés de trous, auraient permis tous les assemblages au moyen de goupilles. De même, des panneaux cintrés reposant sur des formes métalliques auraient joué, pour les voûtes, le rôle de couchis.

L'examen approfondi de ce système l'a fait écarter pour les raisons suivantes :

1° Le prix d'acquisition était élevé, et même susceptible de s'accroître s'il survenait une hausse dans le prix des fers;

2° Le réemploi était aléatoire, car les pièces auraient presque inévitablement été gauchies et bossuées sur les chantiers, en sorte que les assemblages et la pose seraient devenus impossibles.

L'importance de ces motifs a déterminé l'Entreprise à faire exclusivement usage du bois pour les coffrages.

Les questions relatives au fractionnement du bétonnage et à la la nature des matériaux à employer pour les coffrages étant résolues, on avait à se demander s'il était nécessaire d'établir ces derniers sur toute la hauteur du massif à couler.

Pour économiser les bois et multiplier les réemplois, on a reconnu que, en réglant convenablement la progression du coulage, il serait suffisant d'opérer en deux périodes le coffrage en hauteur. Pendant la première on a coffré et bétonné jusqu'aux naissances des voûtes. Ce travail terminé sur une certaine partie, on y a établi les cintres, pendant que, plus loin, on bétonnait d'abord les fondations, puis les piédroits; les cintres étant réglés, les couchis posés, le béton a eu le temps de faire prise, et il a été possible d'employer, dans le parement de la partie supérieure, les bois qui avaient servi de revêtement aux piédroits.

Cette disposition a été également dictée par la facilité du travail, car elle permet de remblayer derrière les piédroits après leur achèvement, jusquà la naissance des voûtes. Sur ce remblai on dressait les étançons qui n'avaient plus besoin d'être aussi longs.

Enfin on avait à examiner quel genre de madriers il fallait mettre en œuvre, et s'il y avait lieu de les poser dans le sens horizontal ou vertical.

L'usage de planches de faible épaisseur pour les coffrages a été immédiatement écarté, car elles n'auraient pas tardé à être hors de service sous le poids des masses coulées, et sous l'influence du pilonnage et des chocs, le béton étant presque toujours déversé d'une certaine hauteur. En outre elles auraient exigé de nombreux étais. On s'est en conséquence décidé à employer des madriers de $0^m,08$ d'épaisseur.

Au sujet de la position à leur donner, on a préféré l'horizontale, parce qu'elle permet d'arrêter sans déchets et sans difficultés les coffrages en hauteur suivant les besoins du chantier. Cet avantage n'existe pas dans la position verticale : et la combinaison du coffrage en deux périodes n'aurait présenté aucun intérêt, car les piédroits ayant $1^m,80$ de hauteur, on aurait dû coffrer sur des hauteurs bien supérieures à celles qu'ils exigeaient, ou bien il aurait fallu couper les madriers, ce qui aurait notablement augmenté le cube des bois. En outre, la position verticale est plus difficile à obtenir, et on corrige moins aisément les défauts de pose.

Ces principes étant exposés, nous allons maintenant donner quelques détails sur l'exécution des coffrages.

Il n'en a naturellement pas été besoin pour les fondations qui ont été coulées dans le sol découpé suivant le tracé adopté.

Lorsqu'elles étaient terminées, on fixait tout le coffrage sur une semelle porteuse, couchée sur leur empattement de manière à assurer l'horizontalité des madriers et la régularité de la pose, et l'on se réservait, à l'aide de cales, tous les moyens de correction. La légèreté relative des pièces et la suppression des assemblages facilitaient d'ailleurs ces opérations dans une large mesure.

Pour obtenir la solidité nécessaire, on a disposé les charpentes de telle façon qu'à un moment quelconque on pût, sans assemblages et sans déchets, leur donner toute la résistance voulue. La poussée s'exerçant normalement aux parois et de l'intérieur à l'extérieur, il a suffi d'appuyer les madriers horizontaux de distance en distance par une traverse verticale, soutenue elle-même par des étais obliques formés de simples rondins.

La forme de certains massifs a imposé des modifications dans les dispositions du coffrage type; ainsi, pour réaliser les parements courbes, on a dû placer les madriers de revêtement dans la position verticale, afin de ne pas avoir à les cintrer. Dans les parties courbes à très faibles rayons, le coffrage a été obtenu par des lattes clouées sur des gabarits; mais, dans tous les cas, les moyens de consolidation n'ont pas varié. Les coffrages des voûtes, fenêtres, etc., rentraient dans le système général.

Les cintres ont, comme les madriers, fait l'objet de réemplois dans le même fort et dans des forts différents.

Dans le calcul appliqué à la recherche des dimensions, on a supposé, pour éviter tout accident, que le béton serait coulé en une fois sur toute son épaisseur. Or, pratiquement, on coulait un premier anneau de $0^{m},80$ à 1 mètre à la clef, qui, lui-même, au bout de quelques jours formait cintre. La sécurité était donc plus que suffisante.

On a employé dans la construction des cintres, des bois de chêne équarris. Les assemblages se faisaient à tenons et mortaises traversés par des boulons, ce qui permettait à chaque instant de corriger les défauts de pose et de consolider toute partie faible.

Le gabarit exact d'intrados était obtenu au moyen de vaux cloués sur les arbalétriers. Les cintres étaient généralement espacés de 1m,60; les couchis avaient comme dimensions 8/8, 8/11, 8/16, suivant les rayons.

Pour le cintrement et le décintrement, on opérait comme d'ordinaire, avec des cales. Avant d'enlever les cintres et les coffrages, on laissait le temps nécessaire à la masse pâteuse de prendre consistance, afin qu'aucun glissement ne pût se produire. Ce temps variait de six à dix jours, selon la saison, et suivant la quantité de ciment que contenait le béton.

Les études faites pour les coffrages et les cintres ont donné les meilleurs résultats au point de vue de l'économie des charpentes et de leur solidité : elles ont permis une exécution méthodique et rationnelle du coulage du béton, et n'ont pas peu contribué à la rapidité du travail.

7° ORGANISATION DES ATELIERS ET DES INSTALLATIONS DIVERSES

On a vu plus haut que dans le groupement des forts, certains d'entre eux, avaient, en raison de leur situation près des lignes de chemins de fer, été choisis comme centre d'approvisionnements. A chacun de ces forts (Liers à Liège rive gauche, Fléron à Liège rive droite, Cognelée à Namur rive gauche, Maizeret à Namur rive droite) était attaché un atelier de réparations permettant d'exécuter quelques-uns des travaux sortant de l'entretien ordinaire.

Chaque fort contenait en outre, pour son propre service, un petit atelier de réparations et une remise pour 2 ou 3 locomotives.

Dans les forts où l'eau était refoulée par prise faite à la Meuse, des réservoirs cylindriques en tôle ou en maçonnerie, de 200 mètres cubes chacun, assuraient l'alimentation des chantiers.

Les installations diverses comprenaient : les magasins à ciment, grands hangars fermés en charpente, élevés sur des murettes en maçonnerie avec double plancher sur lequel reposaient les claies en bois pour l'aérage des ciments; les baraquements et les cantines également en bois, avec couvertures en carton bitumé ou en tuiles; les magasins à fourrages, les écuries, etc., etc. La surface couverte de ces divers locaux peut être évaluée à 18 000 mètres carrés pour le groupe de Liège et à 12 000 mètres carrés pour celui de Namur; encore ces chiffres ne tiennent-ils pas compte des nombreuses maisons louées pour les besoins du service, à proximité des différents forts.

Pour assurer la régularité du service et activer les moyens de correspondance, ainsi que dans l'intérêt de la sécurité des transports par la ligne stratégique et les plans inclinés, un réseau téléphonique complet avait été installé entre les forts, le bureau central de Namur et la Direction à Liège.

IV

CONSTRUCTION DES VOIES D'APPROVISIONNEMENT

VOIES STRATÉGIQUES, PLANS INCLINÉS RACCORDEMENTS AVEC LES VOIES ANTÉRIEURES, CHEMINS DE FER AÉRIENS

De l'organisation des voies d'approvisionnement dépendait en grande partie la rapidité d'exécution des travaux. L'étude approfondie qu'elle a nécessitée se révèle par la diversité des combinaisons adoptées, telles que l'emploi de la voie de 1 mètre sur les terrains réservés à la voie stratégique, l'établissement de raccordements à voie normale avec les lignes existantes, l'emploi de plans inclinés et de chemins de fer aériens. En raison du rôle considérable qu'a joué cette organisation dans la conduite générale de l'entreprise, elle nous a paru mériter une description spéciale.

Les cartes de Liège et de Namur, jointes à la présente étude, permettent de se rendre compte des tracés adoptés : les lignes rouges y représentent les voies stratégiques et les lignes bleues les voies des gares de triage, les plans inclinés, les chemins de fer aériens et les lignes à voie normale.

Les voies stratégiques étaient, comme il a été indiqué ci-dessus, installées sur une bande de 12 mètres de largeur accordée à l'Entreprise par le Cahier des charges, pour relier les forts entre eux, et étaient destinées à desservir les divers ouvrages. Elles se partageaient, comme ceux-ci, en quatre groupes principaux, ceux de rive gauche et de rive droite, tant à Liège qu'à Namur, laissant de côté les forts d'Embourg et de Boncelles (Liège), et ceux de Saint-Héribert et de Malonne (Namur), dont les emplacements respectifs ne se prêtaient pas à un raccordement avec le reste des chantiers, et pour lesquels, d'ailleurs, le Cahier des charges prévoyait une exploitation distincte.

Sur les travaux de Liège, les voies étaient à 1 mètre d'écartement, type couramment employé sur les chantiers de terrassement et qui a le grand avantage, tout en admettant une large circulation, de se prêter aisément aux fortes déclivités et aux courbes de faible rayon. Il n'y avait de voies doubles qu'aux approches des forts et sur quelques points servant de garages.

Aux chantiers de Namur, l'Entreprise a employé la voie de 1 mètre sur le groupe de la rive droite de la Meuse, où elle pouvait moins facilement utiliser les lignes de chemins de fer existantes ; sur deux des groupes de la rive gauche, où la proximité des gares permettait l'établissement de raccordements et la circulation des wagons ordinaires sans transbordement, on a fait usage de la voie à écartement normal.

Nous allons successivement décrire l'ensemble des moyens généraux de communication pour chacun des groupes de forts.

A. LIÈGE. — *Groupe de rive gauche et fort de Flémalle.*

La voie, partant du bord de la Meuse, en face de la plaine du Grand-Jonckay, traversait le canal de Liège à Maëstricht sur un pont-levis construit par l'Entreprise, puis la route de Liège à Visé par un passage à niveau. Elle arrivait ainsi, après un parcours de 1 250 mètres, au bas du plan incliné de Pontisse, auquel elle amenait les sables et graviers dragués dans la Meuse et criblés sur place, ainsi que les ciments expédiés de l'usine de Niel-on-Ruppel par le canal de Liège à Maëstricht, et qu'elle allait prendre aux magasins par une voie de raccordement. A la base du plan incliné était établie une gare permettant les diverses manœuvres dont on avait besoin.

Le plan incliné de Pontisse, dont le trafic pouvait atteindre 1 200 à 1 500 mètres cubes par jour, avait un développement de 228 mètres et des inclinaisons variant de $0^{m},164$ à $0^{m},265$ p. m., pour racheter une hauteur de 45 mètres. Il était actionné par deux machines à vapeur de 40 chevaux chacune et comprenait 4 voies à écartement de 1 mètre. Ces voies aboutissaient à une gare supérieure de 2 kilomètres de longueur établie sur le plateau et permettant aux matériaux soit d'être déchargés sur les installations mêmes du fort de Pontisse, soit de continuer leur route vers ceux de Liers, Lantin, Loncin et Hollogne.

C'est à ce dernier que s'arrêtait la voie stratégique. Sur son parcours, elle a donné lieu à d'importants travaux d'art ou de terrassement. Nous citerons particulièrement deux ponts jetés respectivement sur les routes de Herstal et de Milmort à Hermée, le pont sous la route de Brunehaut, près de Liers, et le pont sous le chemin de fer Liégeois-Limbourgeois, de Liers à Tongres.

La gare de Liers, qui, grâce à la proximité de cette voie ferrée, formait un centre d'approvisionnement pour tout le groupe de rive gauche, comportait un raccordement à voie normale par rebroussement qui desservait les magasins et ateliers centraux et un quai à charbons.

Les diverses installations étaient établies entre la voie normale de raccordement et une voie de 1 mètre qui venait rejoindre la voie stratégique et passait à son tour devant les magasins, mais sur la façade opposée à la première. Une grue circulait entre ces deux voies pour transborder immédiatement les objets qui ne devaient pas subir de séjour aux lieux de dépôt.

Outre les magasins, la gare de Liers comprenait un dépôt de rails, de bois pour la construction et la réparation des wagons, une scierie à vapeur, des ateliers de construction et de réparations, un atelier de charpente pour les cintres et les coffrages, etc., etc.

La plus forte déclivité présentée par le profil dans cette partie des voies stratégiques était de $0^{m},030$ et les rayons des courbes variaient de 50 à 1 000 mètres. La longueur totale de la voie entre Pontisse et Hollogne était de $17^{km},297$. Des voies de garage étaient établies à peu près à mi-distance entre chacun des forts, pour pouvoir multiplier le nombre des trains.

Les formalités nécessaires à l'établissement du passage sous les voies du chemin de fer Liégeois-Limbourgeois n'ont malheureusement pu être terminées qu'en juillet 1889, par suite de retards apportés par la Compagnie à son autorisation. Il en est résulté que, jusqu'à cette époque, l'Entreprise ne disposait pas de communications entre les forts de Lantin, Loncin et Hollogne et le plan incliné de Pontisse, qui, seul, pouvait les approvisionner de ciments et de matériaux de draguages. Cette interruption a obligé à accumuler les sables et galets en cavaliers au bord de la Meuse et entravait l'exécution des terrassements dans les forts laissés en dehors du circuit. Car on était forcé de ménager l'approfondissement des fouilles, afin de ne pas s'exposer à des éboulements, et comme les maçonneries devaient être, en grande partie, recouvertes par les déblais, il importait d'éviter les reprises coûteuses auxquelles aurait donné lieu une progression trop rapide des terrassements.

Le fort de Flémalle, dont l'emplacement, au milieu d'une région des plus tourmentées, ne permettait pas la continuation de la voie stratégique, était, comme il a été dit, desservi par une installation spéciale.

Les sables et galets dragués dans le lit de la Meuse et les ciments amenés par bateaux étaient déposés sur la rive gauche du fleuve, en aval du pont du val Saint-Lambert. On y avait établi une gare comprenant des voies de garage, des magasins à ciment, une remise pour locomotives et un atelier de réparations. Une voie reliait cette gare à la base d'un plan incliné à voie unique.

Ce plan présentait une succession de pentes très variées en raison des diverses voies de communication qu'il a fallu franchir. La ligne débutait par une pente de $0^{m},10$ sur une longueur de 20 mètres, pour franchir le chemin de la Tresse, puis traversait le ruisseau de ce nom sur un tablier en charpente. La rampe était portée à $0^{m},126$ jusqu'au sentier latéral au chemin de fer de Namur à Liège, la voie reposant dans cette partie sur une estacade en charpente de 30 mètres de longueur. Pour franchir le sentier et les chemins de fer du Nord-Belge et Liégeois-Limbourgeois, la voie passait sur un pont métallique à 2 travées de 10 mètres, en rampe de $0^{m},07$. Elle se continuait sur une estacade en bois de 120 mètres de long avec rampe de $0^{m},089$ pour traverser la rue du village.

Au delà de l'estacade, la voie épousait le profil du sol sur une longueur de 414 mètres avec une rampe de $0^{m},178$, et une dernière rampe de 0,0689 sur 175 mètres de longueur l'amenait à la tête du plan qui était à la cote 174^{m},12.

Le développement total de l'ouvrage était de 810 mètres et rachetait une différence d'altitude de 105^{m},25.

Le câble de 0,03 de diamètre qui remontait les wagons était actionné par deux locomobiles de 25 et 30 chevaux.

L'autorisation définitive pour la construction de la passerelle métallique au-dessus des voies ferrées s'est fait attendre jusqu'au milieu de 1889, et ces retards, comme dans le cas précédent, ont contraint l'Entreprise à limiter la progression des terrassements pour les mêmes motifs.

ADRIEN HALLIER, LETELLIER FRÈRES & J. BARATOUX
ENTREPRENEURS DE TRAVAUX PUBLICS

INSTALLATIONS POUR L'EXÉCUTION DU BÉTONNAGE
DU MASSIF CENTRAL D'UN PETIT FORT DANS SES DIFFÉRENTES PHASES

FORTS DE LA MEUSE
(Liège et Namur.)

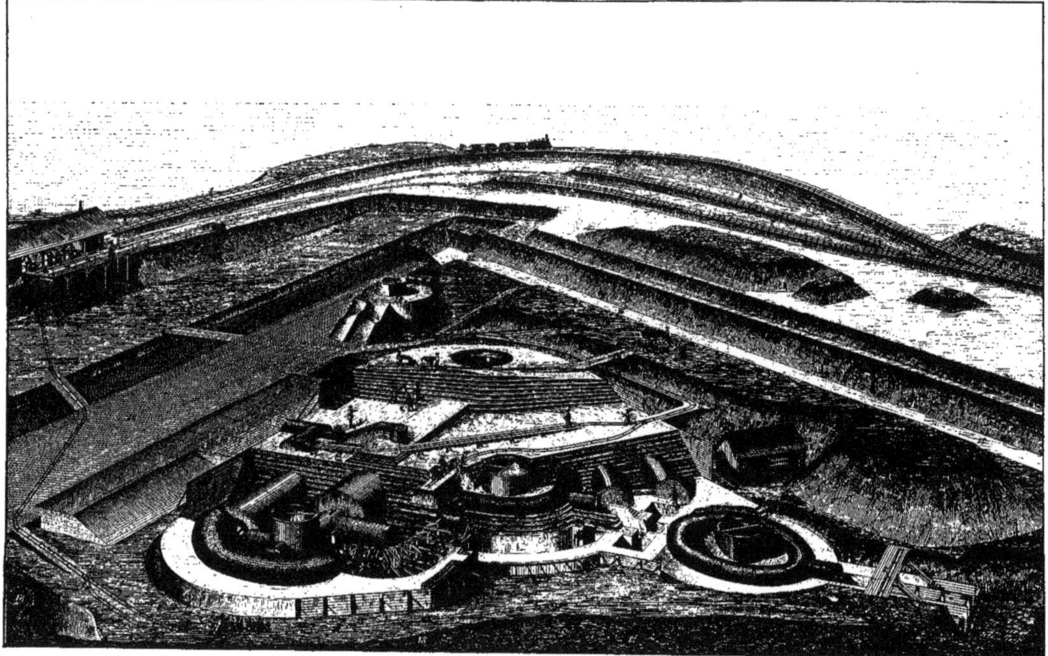

1. — Voie d'approvisionnement
2. — Voie des dépôts.
3. — Voie du ciment.
4. — Dépôt de sable.
5. — Dépôt de galet.
6. — Magasin à ciment. Malaxeurs, Bétonnières.
7. — Voie ayant servi à amener le béton des piédroits.
8. — Coulage du béton de la galerie de communication.
9. — Plan incliné servant à élever le béton.
10. — Treuil du plan incliné.
11. — Voie servant à couler le béton des voûtes (1re assise).
12. — Voie servant à couler le béton de la 2e assise
13. — Locaux d'escarpe terminés.
14. — Coupole de gorge de gauche.
15. — Fossé du flanc de gauche.
16. — Fossé du front de gorge, commencé.
17. — Rempart du flanc gauche.
18. — Rempart du flanc droit.
19. — Fouille de la coupole de tête.
20. — Dépôt de terre végétale.
21. — Abri de la locomobile actionnant la pompe du puits.
22. — Dépôt de galet cassé.

B. LIÈGE. — *Groupe de rive droite, et forts isolés d'Embourg et de Boncelles.*

Pour le groupe de Liège rive droite, les moyens d'approvisionnement comprenaient tout d'abord une voie de 600 mètres de longueur, qui commençait aux installations de draguage à la Meuse, traversait le chemin de fer de Liège à Maëstricht au moyen d'un pont inférieur en maçonnerie à tablier métallique établi par l'Entreprise, et aboutissait au pied du grand plan incliné de Souverain-Wandre.

La gare d'arrivée avait 45 mètres de longueur en palier; elle comprenait 4 voies, une remise pour locomotives, des ateliers de réparations, bureaux et écuries.

Le plan incliné avait $405^{m},50$ de longueur, et rachetait une différence de niveau de $118^{m},80$: la pente moyenne était donc de 27 p. 100; mais comme il avait fallu franchir la grande route de Liège à Visé au moyen d'une estacade de 101 mètres de longueur, on n'avait pas pu régler les pentes suivant cetté valeur moyenne, et l'une d'entre elles atteignait 39,5 p. 100 sur $221^{m},80$. Au delà, la pente était de $0^{m},13$ sur $82^{m},60$, pour arriver à la tête du plan.

Le câble était actionné par deux machines de 75 chevaux, et la production journalière de l'installation s'élevait à 800 mètres cubes.

La formation des trains au sommet du plan était faite par deux locomotives de 8 tonnes. Une locomobile de 4 chevaux installée également au sommet commandait les pompes d'alimentation pour le service des machines et des locomotives.

Au sortir de la gare établie à la tête du plan incliné, la voie ferrée suit la route stratégique sur le plateau de Cahorday, et ne tarde pas à entrer dans un pays très tourmenté qui constitue les gorges au fond desquelles coule la Julienne. Elle arrive au pont jeté par l'Entreprise sur ce petit cours d'eau, par une rampe de 1 250 mètres de longueur, avec des inclinaisons variant de $0^m,016$ à $0^m,03$, et remonte sur le plateau suivant, par une autre rampe de 0^m03 par mètre, sur une longueur de 828 mètres. La différence de niveau entre le plateau de Cahorday et le tablier du pont est de 44 mètres ; et la cote à laquelle il faut remonter pour atteindre, au droit du fort de Barchon, la route de Herstall à Jullemont est ($200^m,80$), donnant ainsi une différence de niveau de 42 mètres.

La traversée des gorges de la Julienne fournit un exemple des plus intéressants de la facilité avec laquelle la voie de 1 mètre se plie aux exigences de la configuration du sol, et permet de réduire les terrassements au minimum.

La voie ferrée, après avoir atteint le plateau sur lequel est situé le fort de Barchon, détache un rameau sur ce dernier, qui aurait nécessité un détour assez considérable, si on l'avait desservi directement, et se dirige vers les forts d'Evégnée, Fléron et Chaudfontaine. La longueur totale entre le plateau de Cahorday et ce dernier fort est de 25 kilomètres. Elle ne présente, en dehors des gorges de la Julienne, qu'un point spécialement intéressant, c'est le viaduc de Rétinne établi par l'Entreprise sous les voies du chemin de fer du plateau de Herve. Elle longe ensuite la grande route de Herve à Liège, et atteint la gorge du fort de Fléron. Pour gagner Chaudfontaine, elle descend d'abord au village de Romsée, puis suit la crête de partage des eaux, et arrive à son extrémité en n'employant qu'exceptionnellement des pentes de $0^m,03$ par mètre.

La proximité du chemin de fer du plateau de Herve a permis,

comme on l'a dit, de faire du fort de Fléron, un centre d'approvisionnement et de magasinage pour les ciments, charbons, rails, etc., et d'ateliers de construction et de réparations pour tout le groupe de forts auquel il appartient. Relié à ce chemin de fer par un raccordement à voie normale, il comprenait une série d'installations aussi complètes que celles de Liers sur la rive gauche.

Cette combinaison donnait à l'Entreprise deux centres d'approvisionnement et de répartition pour les matériaux nécessaires à la fabrication du béton ; elle obtenait ainsi des conditions de transport plus économiques que sur le groupe de rive droite, car la circulation des trains pouvait, en général, s'effectuer en charge dans les deux sens.

Toutefois, le fonctionnement de ces installations dépendait de la construction du viaduc de Rétinne, qui mettait en communication les deux tronçons de la voie stratégique : malheureusement le règlement des formalités qu'exigeait l'établissement de cet ouvrage ne s'est terminé qu'au mois de juillet 1889, et les inconvénients qui résultaient de ces retards étaient beaucoup plus graves pour les forts de la rive droite, que ceux dus aux retards de la traversée, à Liers, du chemin de fer Liégeois-Limbourgeois, car, dans ce dernier cas, les forts de Liers et de Pontisse ne souffraient pas de l'interruption de la voie stratégique, puisqu'ils étaient complètement approvisionnés par le plan incliné, et il n'y avait d'isolés que ceux de Lantin, Loncin et Hollogne. Au contraire, la solution de continuité à Rétine laissait d'un côté les sables et galets montés par le plan incliné de Souverain-Wandre, et de l'autre, les ciments accumulés à Fléron, en sorte qu'on ne pouvait exécuter les bétonnages sur aucun des forts du groupe de la rive gauche.

Ces retards ont donc eu des conséquences plus défavorables sur cette partie des chantiers au point de vue de l'exécution des terrassements, et c'est cette considération qui a décidé l'État à prolonger de six mois la durée de l'Entreprise.

Les deux forts restants, qui complètent la défense de Liège sur la rive droite de la Meuse sont ceux d'Embourg et de Boncelles, qui, en raison de leur isolement du reste des travaux, par les vallées de la Meuse, de la Vesdre et de l'Ourthe, n'ont pu être utilement reliés au réseau commun, par le prolongement de la voie stratégique. Aucune ligne ferrée ne passant à proximité du plateau de ces forts, on a dû les pourvoir de services spéciaux et indépendants.

Le fort d'Embourg, construit sur un piton qui domine la vallée de l'Ourthe, s'approvisionnait en sables et en galets aux cavaliers de dépôt, formés sur la rive droite de cette rivière, et provenant des draguages qui y étaient exécutés.

La distance de 900 mètres qui existe entre les cavaliers de dépôt et l'emplacement du fort avec une différence de niveau de 158 mètres, était franchie à l'aide d'un chemin de fer aérien du système Pohlig.

La station de départ des matériaux était établie près de l'Ourthe, et cette rivière était traversée par le câble à une hauteur de $3^{m},50$. L'intervalle entre les pylônes de support variait de $38^{m},50$ à 65 mètres : leur hauteur atteignait de $5^{m},44$ à $26^{m},40$, suivant les sinuosités du terrain.

A la station d'arrivée, placée sur le glacis de la face latérale de droite du fort, les dispositions du chemin de fer étaient réglées de telle manière que les sables et galets (dont le triage avait été préalablement opéré au bord de l'Ourthe), gagnaient leurs dépôts respectifs, et que les voies pouvaient se déplacer aisément pour suivre la progression des cavaliers.

Les bennes servant au chargement avaient une contenance de $1^{m^3},275$. Elles étaient, comme on l'a déjà dit, portées par des trucs à écartement de $0^{m},40$; arrivées à la station de départ, on les accrochait au câble ; les trucs restaient sur la voie pour recevoir le bennes qui descendaient à vide, et les conduire au point de chargement.

Le câble sans fin était actionné par une locomobile de 30 chevaux ; il pouvait monter 2 bennes par minute, ce qui correspond à une production de 300 mètres cubes par journée de dix heures.

Quant au fort de Boncelles, qui est situé sur le plateau de séparation de la Meuse et de l'Ourthe, il recevait également ses divers matériaux de cette rivière, à l'aide d'un chemin de fer aérien de 650 mètres de longueur. Cette voie passait au-dessus du chemin de fer et de la grande route de Tilff, dont les traversées étaient protégées par des charpentes continues. Les wagonnets élevés sur le câble à 140 mètres de hauteur jusqu'au plateau de Sart-Lohay déversaient automatiquement leur contenu dans de grands wagons cubant 2 mètres. Ceux-ci, remorqués par une locomotive à voie de 1 mètre sur un trajet de 4 600 mètres, avec rampes variant de $0^m,005$ à $0^m,03$, amenaient les divers matériaux au lieu d'emploi.

L'indépendance des installations d'approvisionnement des forts de Boncelles et d'Embourg a permis de pousser ces deux chantiers avec une rapidité plus grande que les autres pendant la première période de l'entreprise, c'est-à-dire depuis le commencement des terrassements jusqu'au coulage du béton.

C. NAMUR. — *Groupe de rive gauche.*

Nous avons déjà vu que l'Entreprise avait réparti les six forts situés sur la rive gauche de la Meuse en trois groupes, le premier comprenant les forts de Malonne et de Saint-Héribert, le second, celui de Suarlée, le troisième, ceux d'Emines, Cognelée et Marchovelette.

Ce groupement montre que, pour divers motifs tenant soit aux retards éprouvés dans les expropriations de la bande de terrain affectée à la voie stratégique, soit pour organiser d'une manière plus rapide et plus économique le service des transports par l'utilisation des chemins de fer existants, l'Entreprise n'a utilisé que partiellement cette voie qui forme une ceinture continue de Flawinne à Marchovelette. Elle s'est en un mot efforcée, dans cette partie des travaux, de profiter des conditions existantes pour rendre autant que possible les chantiers indépendants les uns des autres, ce qui constitue toujours un avantage pour la rapidité des travaux et met les chantiers à l'abri des encombrements et des accidents qui peuvent se produire sur une voie unique d'approvisionnement. Mais comme la route militaire est indispensable au point de vue stratégique, surtout dans une région où les voies de tout genre sont assez rares, elle sera probablement complétée ultérieurement sur toute la longueur prévue par le Génie.

Les forts de Malonne et de Saint-Héribert que leur situation entre Sambre et Meuse séparait du reste des ouvrages, et pour lesquels le Cahier des charges spécifiait d'ailleurs l'isolement au point de vue de la route militaire, ont été pourvus d'installations spéciales. Elles ont consisté en un chemin de fer aérien de 1 000 mètres de développement élevant les matériaux nécessaires aux deux forts de la vallée de la Sambre en face de la station de Flawinne sur le chemin de fer de Charleroi à Namur à la cote (85m) jusqu'au fort de Malonne à la cote (200). Les sables et galets extraits du lit de la Sambre étaient rangés, après triage le long de la rivière, sur la rive gauche, en aval de l'écluse de Flawinne, et le chemin de fer aérien franchissait la partie canalisée pour atteindre les pentes des bois de la Vecquée, où se trouve le fort.

Les ciments y étaient montés par le même procédé et étaient pris aux magasins installés par l'Entreprise à la gare de Flawinne. La capacité de transport du chemin de fer aérien atteignait 800 tonnes par jour.

Ces divers matériaux se déchargaient sur les voies de la gare du chemin de fer aérien pour le service du fort de Malonne, ou bien étaient directement déversés dans des grands wagons s'ils devaient être employés au fort de Saint-Héribert. Une voie ferrée établie à ses frais par l'Entreprise et dont le développement atteignait 7 kilomètres, reliait les deux chantiers.

Pour le fort de Suarlée, l'Entreprise a trouvé plus avantageux de profiter du voisinage de la gare de Rhisnes, sur la ligne de Namur à Bruxelles, que de recourir à un prolongement de la route militaire au delà du fort d'Emines. Le raccordement était à voie normale et avait 2 500 mètres de longueur ; il amenait au fort sans transbordement, les ciments qui venaient par la voie ferrée. Celle-ci transportait également les sables et galets qu'elle prenait par un raccordement aux cavaliers de dépôts établis sur le quai de Namur en amont du pont du Luxembourg, et alimentés par les installations de draguages fonctionnant sur la Meuse en aval de la ville, vers Samson et Profondville.

Le dernier groupe de Namur, rive gauche (forts d'Emines, Cognelée et Marchovelette), a utilisé la voie stratégique dans sa partie comprise entre les trois forts. Celui de Cognelée étant situé à peu de distance de la gare du même nom, sur la ligne de Namur à Tirlemont, on a raccordé les deux lignes par une voie normale qui aboutissait à 600 mètres de cette gare. Celle-ci faisait fonction de gare de triage, et permettait de diriger sans transbordement sur l'un quelconque des trois chantiers les sables et les galets empruntés au dépôt de Namur, et les ciments qui arrivaient par voie ferrée et étaient emmagasinés dans des locaux spéciaux. La longueur totale de la voie posée à écartement normal entre les trois forts est de 20 kilomètres. Elle traverse la ligne de Namur à Tirlemont par un pont jeté sur la tranchée de Cognelée et se raccorde à cette ligne par un embranchement en S. Le service d'exploitation s'y faisait par les wagons de l'Etat, traînés par des locomotives appartenant à l'Entreprise.

Dans cette partie des travaux, comme à Liège, on a eu à souffrir de retards dans les livraisons des terrains expropriés pour l'établissement de la voie stratégique. Quoique ces inconvénients se soient manifestés d'une manière moins grave en raison de l'indépendance plus grande des chantiers, il en est résulté des difficultés et des retards correspondants dans l'exécution des bétonnages.

D. NAMUR. — *Groupe de rive droite.*

Les installations de draguages de Samson sur la Meuse qui alimentaient les forts de la rive gauche par le dépôt de Namur, fournissaient également les matériaux nécessaires à ceux de la rive droite, Maizeret, Andoy et Dave. Les sables et galets étaient chargés sur wagons et ascensionnés par un plan incliné de 530 mètres de longueur. Ce plan, qui rachetait une différence de 120 mètres avait une pente moyenne de 24 p. 100 ; mais la traversée de la route de Liège à Namur sur une estacade n'a pas permis d'obtenir sans terrassements une pente régulière, et l'on a dû se contenter de pentes successives de 20 à 30 p. 100. La machine qui actionnait ce plan avait une force de 75 chevaux.

L'Entreprise a utilisé, pour ces trois forts, la route militaire sur laquelle elle a posé une voie à écartement de 1 mètre avec un développement total de 12 kilomètres. Elle se détachait au fort de Maizeret, d'un réseau de voies de garage permettant l'expédition des matériaux, soit sur le fort lui-même à la sortie du plan incliné, soit sur les deux autres chantiers. Puis elle suivait la crête de partage, traversait à niveau la grande route de Marche, et la ligne ferrée du Luxembourg par un pont jeté sur la tranchée de Naninne, pour venir aboutir au fort de Dave. Un raccordement la reliait à la gare de Naninne qui servait de centre pour les approvisionnements de ciments et de bois de charpente. Des magasins pour les ciments et des ateliers pour la préparation des coffrages et des cintres y avaient été établis.

Il résultait de ces dispositions que les sables et galets venant de la Meuse par Maizeret, et les ciments, charbons, etc., approvisionnés à Naninne par le chemin de fer du Luxembourg parcouraient la voie stratégique en sens contraire.

On peut se rendre compte par les détails qui précèdent des difficultés considérables qu'offrait l'approvisionnement des forts en matériaux de toute espèce, non seulement au point de vue de la quantité de ces matériaux, puisque chaque fort consommait plusieurs centaines de mille tonnes, mais encore eu égard à leurs provenances diverses et enfin à leur élévation sur les points dominants de la région, dont plusieurs étaient même privés de routes d'accès, et dont la plupart se trouvaient à des distances assez grandes des voies ferrées existantes.

V

PROGRESSION DES TRAVAUX ET CONCLUSION

Grâce aux habiles dispositions et à l'esprit d'organisation méthodique qu'on a pu apprécier par les renseignements qui précèdent, l'Entreprise des forts de la Meuse a pu être achevée dans les délais si courts imposés par le Cahier des charges, et les 21 forts qui constituent les têtes de pont de Liège et de Namur ont été remis au Gouvernement belge, le 29 octobre 1891.

Nous terminerons par quelques indications sur la progression des travaux.

La première campagne (fin de 1888) a été généralement consacrée à l'établissement de la voie stratégique, puis, pour chaque fort, aux travaux préparatoires, tels que la déviation des routes d'accès, le décapement des terres végétales, ainsi que les fouilles pour la fosse aux eaux ménagères et le fossé du front de gorge, de manière à préparer le remblai des glacis destinés à recevoir les approvisionnements de matériaux et l'installation des bétonnières.

En même temps, on procédait à la construction des plans inclinés et de leurs débarcadères et voies d'approche, et à celle des chemins de fer aériens.

Enfin, on construisait toutes les installations nécessaires aux chantiers, magasins, cantines, hangars, ateliers de réparations, remises de locomotives, etc., etc.

Pendant la seconde campagne (année 1889), l'Entreprise a continué les travaux précédents, exécuté les installations de fabrication du béton, et, successivement, les terrassements des fossés, des divers locaux et des massifs centraux avec remblais des glacis ou décharge, puis commencé sur plusieurs forts le coulage du béton.

La troisième campagne (janvier 1890 à octobre 1891) a été employée à l'achèvement des terrassements et des bétonnages, à la confection des remblais sur les maçonneries, à l'exécution des enduits, et généralement au parachèvement des ouvrages.

Cette grande entreprise, qui fait honneur au Génie civil français, a donc été exécutée dans de parfaites conditions de régularité, malgré les énormes difficultés de tout genre qu'elle présentait, et les rigueurs exceptionnelles de l'hiver de 1890-1891.

MM. A. Hallier, Letellier frères et J. Baratoux ont été particulièrement secondés par M. Vasset, ingénieur attaché à leur maison et chef de service à Namur.

HOMMAGES RENDUS

PAR

MONSIEUR LE GÉNÉRAL BRIALMONT

Bruxelles, le 20 décembre 1891.

Messieurs,

Je vous prie d'agréer mes remerciements pour l'envoi que vous m'avez fait de deux albums contenant les vues photographiques des chantiers, magasins, ateliers, élévateurs, voies ferrées, ponts, plans inclinés, chemins de fer aériens, etc..... que vous avez dû établir pour construire en *trente mois*, dans des conditions particulièrement difficiles les *vingt et un forts* des têtes de pont de Liège et de Namur.

Je conserverai ces albums comme un souvenir précieux des grands travaux, dont la prompte et parfaite exécution fait honneur aux officiers du Génie qui les ont dirigés, et à vous, Messieurs, qui leur avez apporté le concours de vos connaissances spéciales et de votre longue expérience. Je suis heureux de pouvoir constater ce fait et vous donner ce témoignage de satisfaction au moment où votre entreprise est terminée et où vont cesser nos relations de service qui ont été constamment bonnes.

Veuillez agréer, Messieurs, l'assurance de ma considération distinguée.

Le Lieutenant-Général Inspecteur général des Fortifications et du corps du Génie.

Signé : BRIALMONT

Le soussigné Lieutenant-Général, ancien Inspecteur général des Fortifications et du Corps du Génie Belge, certifie que M. Adrien Hallier a exécuté comme Entrepreneur, Directeur des Travaux, les vingt et un forts de Liège et de Namur dans le délai prescrit de trois ans, avec un succès dont pourront témoigner tous les Ingénieurs belges et étrangers qui ont visité les travaux.

Par ses connaissances techniques, sa grande expérience, la valeur du personnel et du matériel dont il dispose, M. Adrien Hallier est en situation de mener à bonne fin les entreprises les plus difficiles.

Bruxelles, le 14 juin 1895.

Signé : BRIALMONT.

TABLE DES MATIÈRES

ÉVREUX, IMPRIMERIE DE CHARLES HÉRISSEY

www.ingramcontent.com/pod-product-compliance
Ingram Content Group UK Ltd.
Pitfield, Milton Keynes, MK11 3LW, UK
UKHW020318220726
13923UKWH00003B/1231